KB119544

HBR
자기계발
큐레이션

하루 10분
가장 짧은
동기부여 수업

하루 10분
가장 짧은
동기부여 수업

테레사 에머빌 외 지음 | 박주미 옮김

위즈덤하우스

차례

1

작은 성공으로
열정을 살려라

직장 생활의 내면 상태를 바꾸는
전진의 힘

2011년 8월 9일 hbr.org에 실린 "전진의 힘The Power of Progress"의
내용을 편집

이 글의 저자

테레사 에머빌Teresa Amabil

하버드 경영대학원 베이커 재단 교수. 은퇴 전환의 심리적·사회적 측면을 연구하고 있다.

사라 그린 카마이클Sarah Green Carmichael

블룸버그 오피니언 편집자이자 칼럼니스트. <하버드 비즈니스 리뷰 Harvard Business Review>의 전 편집장이었다.

<하버드 비즈니스 리뷰>의 사라 그린 카마이클이 진행한 인터뷰에서, 하버드 경영대학원 교수이자 《전진의 법칙Progress Principle》의 공동 저자인 테레사 에머빌은 직장에서의 작은 성취가 중요하다고 설명한다.

전진의 법칙

사라 그린 카마이클(이하 카마이클): '전진의 법칙'은 무엇인가요?

테레사 에머빌(이하 에머빌): 의미 있는 일을 진행하는 상황 자체가 그 일을 하는 사람들에게 중대한 영향을 미친다는 것을 전진의 법칙이라고 합니다.

《전진의 법칙》의 공동 저자인 스티븐 크레이머Steven Kramer와 저는 '직장 생활의 내면 상태'를 관찰하고자 창의적 프로젝트를 진행 중인 팀원들이 작성한 일지 1만 2000건 정도를 연구했습니다. 여기서 직장 생활의 내면 상태란 직원들이 근무 시간에 일어난 일을 이해하고 그에 대응할 때 생겨나는 인식, 정서, 동기를 뜻합니다.

우리는 직장 생활의 내면 상태가 긍정적일수록 더 좋은 성과를 낸다는 사실을 발견했습니다. 그러자 이것이 궁금해졌어요. 직장 생활의 내면 상태가 그렇게 크게 성과에 영향을 미친다면 직장 생활의 내면 상태를 긍정적으로 만드는 것은 무엇일까?

직원들에게 일을 추진하게 하고 좋은 감정을 갖게 하는 모든 원인 중 가장 중요한 것은 그들이 의미가 있다고 생각하는 업무에서 그저 전진하는 것임을 깨달았습니다. 이것이

바로 전진의 법칙입니다.

작은 성취의 힘

카마이클: 누구나 크게 전진하지 못하는 날을 만나곤 하죠. 전진의 법칙을 체감하려면 실제로 얼마나 많이 전진해야 할까요?

에머빌: 생각보다 아주 조금이어도 됩니다. 우리는 이것을 '작은 성취의 힘'이라고 해요.

예를 들어 컴퓨터 프로그래머가 프로그램의 결함을 추적해 사소한 문제를 간단하게 해결했다면 그날 그의 직장 생활의 내면 상태는 놀랍도록 긍정적으로 바뀝니다. 그 행동이 매우 좋은 감정과 강한 동기를 끌어내고 근무 환경을 긍정적으로 인식하도록 한 것입니다.

물론 프로그램의 결함을 수정하는 것은 정말 당연하고

사소한 일이라고 생각할 수 있어요. 하지만 우리의 연구에 따르면 정말 사소하다고 생각하는 일의 28퍼센트가 직장 생활의 내면 상태에 긍정적인 영향을 강하게 미칩니다. 유감스럽지만 부정적으로도 마찬가지였죠.

카마이클: 부정적 영향을 받으면 어떻게 되나요?

에머빌: 안타깝게도 모든 업무에서 긍정적 영향보다 부정적 영향이 더 강합니다.

전진을 이룬 긍정적 사건보다 실패를 초래한 부정적 사건이 직장 생활의 내면 상태에 두세 배까지 더 큰 영향을 미칩니다. 그래서 평소 근무 시간에 일의 흐름을 깨뜨리는 충돌을 만날 가능성이 있다면 사소한 것이라도 피하는 습관이 정말 중요합니다.

전진의 법칙을 어떻게 활용할까

카마이클: 그렇다면 직장에서 작은 성취의 힘으로 방해물을 피하며 매일 전진하고 있다는 느낌을 받으려면 어떻게 해야 할까요?

에머빌: 전진의 법칙은 혼자서도 아주 다양하게 활용할 수 있습니다. 이때 집중이 가장 중요합니다.

직장에서는 대부분 과중한 업무 부담으로 시간이 부족하다는 압박을 많이 느낍니다. 그렇게 되면 정말 러닝머신에 놓인 것 같은 상황에 빠지기 쉽습니다. 다르게 표현하면 쉬지 않고 내내 달리는 상황이죠. 이는 스스로 수많은 공으로 저글링을 하는 것처럼 여러 가지 일을 바쁘게 처리하고 있다는 느낌을 받지만 정작 창의성을 요구하는 분야와 혁신적 리더로 자리매김하는 데 필요한 주요 업무에서는 제대로 전진하지 못하는 상황을 말합니다.

이런 상황을 피하려면 우리는 타인의 요청으로 주의가

산만해지지 않고 자기 자신에게 의미 있는 동시에 조직에 중요한 일에 완전히 집중할 수 있는 시간을 하루에 적어도 30~60분 정도 가져야 합니다. 이를 위해 때로는 다른 이들보다 30분 먼저 회사에 오거나 30분 늦게 집에 가야 할 수도 있습니다. 커피숍에 가거나 사용하지 않는 회의실을 찾아다녀야 할 수도 있지요.

매일 자신이 얻은 작은 성취를 기록하는 방법도 추천합니다. 이를 통해 직장 생활의 내면 상태를 긍정적으로 만들고 크게 동기를 부여받을 수 있을 것입니다.

직원들에게 일을 추진하게 하고
좋은 감정을 갖게 하는 모든 원인 중
가장 중요한 것은
그들이 의미가 있다고 생각하는 업무에서
그저 전진하는 것임을 깨달았습니다.
이것이 바로 전진의 법칙입니다.

Harvard
Business
Review

2

억지웃음 대신
원하는 일에 집중하라

하기 싫은 일의 스트레스를
줄이는 방법

2016년 9월 8일 hbr.org에 실린 내용을 편집(product #H00OF8)

이 글의 저자

수전 데이비드 Susan David

하버드/맥린 코칭 연구소의 설립자로 하버드 의과대학 교수이자 세계적인 경영사상가. UN, 세계 경제 포럼 등 주요 조직 수백 곳에서 고위 리더들을 대상으로 강연 및 컨설팅을 진행했다. 《감정이라는 무기 Emotional Agility》를 썼다.

직장에서 자신을 늘 있는 그대로 드러내는 호사를 누릴 수 있는 사람은 거의 없다. 어린이용 애니메이션 <세서미 스트리트Sesame Street>의 투덜이 캐릭터 '오스카 더 그라우치Oscar the Grouch' 정도라면 모를까. 보통은 심리학자가 '감정 노동'이라고 일컫는 행동을 하기 마련이다.

직장인들은 해야 할 일이 감정적으로 받아들여지지 않더라도 이를 숨기고 직업적 태도를 유지하려 노력한다. 물론 사무실 밖에서도 비슷한 행동을 한다. 피곤하거나 기분이 언짢아도 엘리베이터에서 만난 이웃과 미소를 지으며 의례적인 잡담을 나누는 것처럼 말이다. 하지만 직장에서는 특히 감정을 숨겨야 한다. 일주일 중 많은 시간을 사무실에서 보낼 뿐만 아니라 프로페셔널한 이미지를 지키고 생계를 유지해야 하기 때문이다.

예컨대 회사 대표가 더 적은 예산으로 더 많은 일을 하라고 시킨다면 겉으로는 웃으며 끄덕이겠지만 속으로는 회의실 책상을 뒤집어엎고 싶어질 것이다. 고객이 형편없는 서비스를 받았다며 아랫사람 가르치듯 잔소리를 늘어놓는다면 겉으로는 평소처럼 예의 바르고 세심하게 행동하겠지만 속으로는 무례함에 분통이 터질 것이다. 위대한 리더는 팀에 확신과 영감을 준다는 말을 수도 없이 들은 탓에 잠이 부족해도 팀원들에게는 활기차고 긍정적으로 보이도록 자신을 몰아붙이기까지 한다.

심층 행동과 표면 행동

감정 노동은 거의 모든 직업과 삶에서 보편적으로 찾아볼 수 있다. 때로는 이를 '예의 바른 행동'이라고 일컫기도 한다. 하지만 감정 노동은 행위자가 어떻게 생각하는지에 따라 의미가 달라진다. '심층 행동'은 자신의 핵심 가치와 신념을 직장에도 연결하는 감정 노동으로 '네, 고객이 거들먹거리기는 하지만 나는 고객의 마음에 공감하며 문제를 해결하려 노력합니다'라고 생각하는 것이다. 이와 달리 '표면 행동'은 '나는 겉으로는 친절하게 행동하지만 속에서는 정말 부아가 치밀어 오릅니다'라고 생각하는 것이다.

연구에 따르면 표면 행동은 감정과 행동 간 심한 부조화를 일으켜, 자신의 감정을 속이거나 억누르게 만들고 행위자는 물론 그가 속한 조직도 실제로 대가를 치르게 만든다고 한다. 표면 행동으로 스트레스가 생기면 우울과 불안, 업무 성과 감소, 번아웃에 쉽게 빠진다. 이런 상황은 다른 사람에게도 영향을 미친다. 직장에서 표면 행동을 하는 리더는 직원을 과소평가하거나 사생활을 침해하는 등의 형태로 폭력을 행사할 가능성이 높다. 그리고 일로 생긴 스트레스가 가정에도 전이될 수 있다. 호텔에서 근무하는, 표면 행동("네. 고객님, 솜털 같은 가운을 가져다드릴 수 있어 기쁩니다!")을 수없이 한 직원들을 대상으로 한 연구를 보면 연구 대상의 배우자는 근무 환경을 가족 간 갈등의 원인이라 여기고 긴장감을 낮추기 위해 연구 대상이 전직하기를 원하는 경향이 다른 직종에서보다 더 높았다.[1]

표면 행동이 발생하는 이유

표면 행동이 발생하는 일반적 상황이 있다.

- 개인 기질과 직무상 기대되는 모습이 불일치하는 경우
  (예: 내향성 또는 외향성 정도)
- 수행하는 일이 자신의 신념과 다르거나 가치관에 어긋나는 경우
- 심리학에서 '표출 규칙'이라고 하는 감정을 표현하는 특별한 규칙이 허용되거나 허용되지 않는 직장 문화에 놓인 경우

물론 온종일 마음에 없는 행동을 꾸며내느라 피곤해할 필요는 없다. 행동과 감정을 언제나 완벽하게 일치하게 만드는, 자신에게 정말 딱 맞는 직장에서 근무할 수 있다면 더 말할 필요도 없다. 하지만 대부분은 그러지 못한다. 그러니 표면 행동을 최소화하고 기대 역할과 본연의 모습을 일치시키는 것, 즉 심층 행동을 추구하는 것이 현실적인 해결책이다. 하는 일이 정말 자신과 맞지 않은 정도는 아니라면 그리고 그 일에서 의미를 찾고자 한다면, 다음 몇 가지 방법을 직장 생활에 적용해 감정 노동은 줄이고 더 나은 삶을 살아가자.

일하는 이유를 떠올려라

'커리어에 영향을 미치는 중요한 기술을 배우고 있다' 또는 '아이에게 건강보험이 필요하고 좋은 부모가 돼야 하므로 지루하긴 해도 지금은 안정적인 직장이 필요하다' 등 포괄적인 목적과 일을 연관 지어보자. 감정과 행동을 더 잘 일치시킬 수 있을 것이다.

하고 싶은 일을 탐구하라

'지금은 일해야 할 시간'이라는 사고방식에 얽매이면 모든 일을 '해야 할 일'로 생각하기 쉽다. 그리고 대개는 일을 취미 삼아 할 정도로 재정 상태가 여유롭지 않다. 하지만 자신에게 주어진 업무에 '동료들과 자유롭게 토론하며 창조적인 아이디어 끌어내기' 또는 '시스템을 더 효율적으로 만들기'처럼 자체적으로 의미를 부여하면 직업을 자신에게 요구된 일에서 자신이 선택한 일로 격상할 수 있다.

분명히 말하지만 무작정 긍정적으로 생각하라거나 현실적인 문제를 합리화하라는 뜻이 아니다. 즐길 수 있는 업무를 하기 싫은 업무로 규정하는 언어의 미묘한 함정을 잘 활용하라는 것이다. 핵심 업무에서 진심으로 하고 싶은 일을 찾을 수 없다면 변화가 필요하다는 신호일 수 있다.

스스로 직무를 설계하라

가치 있다고 생각하는 업무에 배정될 수 있는지 관리자와 상의하자. 예를 들어 지사에 방문했을 때 만나는 새로운 사람들과 그들의 다양한 일처리 방식에 자극받는다면 외근을 많이 하는 프로젝트에 지원할 수 있다. 감정 노동을 줄이고 업무를 더 흥미롭게 만들자.

보통 직장에서 받는 스트레스의 요인이라고 하면 시간 압박, 정보 과부하, 변화 정도를 떠올린다. 하지만 사실 감정 노동이 그 요인일 수 있다. 그러니 이를 잘 관리할 필요가 있다.

3

의지력만으로는
나아갈 수 없다

미루는 습관에서 벗어나는 방법

2014년 2월 14일 hbr.org에 실린 내용을 옮김(product #H00OF8)

이 글의 저자

하이디 그랜트 Heidi Grant

동기과학을 연구하는 사회심리학자. 엔터프라이즈 컨설팅 기업 EY 아메리카스EY Americas의 러닝 연구 및 개발 부서의 책임자다. 《어떻게 마음을 움직일 것인가: 컬럼비아 경영대학원이 밝혀낸 요청과 부탁의 기술Reinforcements: How to Get People to Help You》, 《작심삼일과 인연 끊기Nine Things Successful People Do Differently》, 《아무도 나를 이해해주지 않아No One Understands You and What to Do About It》 등을 썼다.

마감일이 점점 가까워지는 프로젝트가 있지만 뒤로 미뤄뒀다. 불평만 늘어놓고 소중한 시간을 잡아먹는 고객에게 전화가 와서 회신해야만 한다. 그러고 보니 올해는 헬스장에 더 자주 가기로 결심하지 않았던가?

이제는 더 미룰 수도 없지만 정말 하기 싫은 그 일을 어떻게든 해낼 수 있게 된다면 그로 인해 생기는 죄책감, 스트레스, 좌절감이 얼마나 줄어들까? 얼마나 행복하고 더 효과적일지는 말할 필요도 없지 않을까?

정말 다행히도 알맞은 방법을 적용하면 미루는 습관에서 벗어날 수 있다. 그리고 애초에 일을 지체하게 만드는 원인을 찾으면 적합한 전략을 찾을 수 있다. 흔히 볼 수 있는 원인과 극복법을 몇 가지 살펴보자.

일을 망쳐버릴까 봐 두려워
무언가를 미룬다면

'안정 지향'을 적용하라. 어떤 일을 대하는 두 가지 방식이 있다. 바로 안정 지향과 '성취 지향'이다.

성취나 업적을 이루기 위해, 즉 지금보다 더 나아지기 위해 무언가를 하는 경우가 있다. 가령 '프로젝트를 성공적으로 끝내면 팀장이 높이 평가하겠지' 또는 '규칙적으로 운동하면 굉장해 보일 거야'라고 생각하는 것이다. 심리학에서는 이를 성취 지향이라고 한다. 연구에 따르면 성취 지향형인 사람은 이익을 얻는다는 생각에서 동기를 부여받고, 의욕적이며 낙관적일 때 성과가 가장 좋다고 한다.

멋지게 들리지 않는가? 글쎄, 어딘가 명확하지 않아 보이는 업무를 망쳐버릴까 봐 두려운 상태라면 성취 지향은 당신에게 적합한 방식이 아니다. 불안과 의심은 항상 성취 동기를 약화하며 무언가를 조금이라도 해보려는 의지마저 낮아지게 만든다.

해야 할 일을 의심하며 약해지기보다 이상적으로 일을 잘 해낼 수 있는 방법을 찾는 것이 필요하다. 이때 안정 지향이 유용한 수단이 될 수 있다.

안정 지향적인 관점으로 일하면 결과를 더 좋게 만들려고 하기보다 손실을 줄이고자 이미 만들어진 상황에 매달리게 된다. 안정 지향형인 사람에게 프로젝트를 성공적으로 완료한다는 것은 상사가 화내지 않게 하거나 낮은 평가를 받지 않게 한다는 뜻이다. 또 규칙적인 운동은 자유를 즐기지 못하게 만드는 일이 된다.

나는 《어떻게 의욕을 끌어낼 것인가Focus》에서 이에 관한 수십 년간의 연구 결과를 설명했다. 안정 지향형인 사람에게는 잘못될 수도 있다는 불안이 실제로 동기를 강화한다. 손실을 회피하는 데 집중하면 위험에서 벗어나는 유일한 방법은 즉시 행동하는 일뿐이라는 사실이 명확해진다.

더 많이 걱정할수록 더 빠르게 그 문을 통과할 수 있다.

성취 욕구가 강한 사람에게 이런 처방은 그다지 흥미롭게 들리지 않을 것이라는 사실을 알고 있다. 하지만 아무 일도 하지 않았을 때 생겨날 끔찍한 모든 결과를 진지하게 생각하는 방법보다 망쳐버릴지도 모른다는 걱정을 이겨낼 수 있는 더 좋은 방법은 아마도 없을 것이다. 그러니 계속 자신을 두렵게 하자. 끔찍하지만 효과는 있다.

하고 싶지 않아 무언가를 미룬다면

논리적으로 생각하고 느낌을 무시하라. 느낌은 일을 방해한다. 올리버 버크먼Oliver Burkeman은 《합리적 행복: 불행 또한 인생이다The Antidote: Happiness for People Who Can't Stand Positive Thinking》에서 "아침에 일찍 못 일어나겠어" 또는 "운동을 할 수가 없어"라는 말은 사실 '이런 행동을 하고 싶은 느낌이 들지 않아'라는 뜻이라고 했다. 어찌 됐든 매일 아침

우리를 침대에 묶어놓은 사람은 없다. 헬스장 입구를 막고 있는 험악한 문지기도 없다. 물리적으로 우리를 막아서는 사람은 없으며 그냥 그 일을 하고 싶지 않을 뿐이다. 버크먼은 이렇게 묻는다. "일을 시작하려면 그 일이 하고 싶을 때까지 기다려야 한다고요? 누가 그래요?"

버크먼의 질문은 핵심을 찌른다. 잠깐 생각해보자. 의식하지 못하고 있지만 우리는 동기를 부여받고 효과적으로 일하려면 그 행동을 하고 싶은 느낌이 들어야 한다는 생각에 완전히 사로잡혀 있다. 또 그렇게 되기를 간절히 원한다. 이 생각은 100퍼센트 말도 안 된다. 그런데 다들 왜 이렇게 믿고 있는지 정말 모르겠다. 물론 프로젝트를 완료하고 더 건강해지고 하루를 일찍 시작해야 하므로 우리는 우리가 하는 일에 일정 수준 전념해야 한다. 하지만 이때 그 일을 하고 싶은 느낌은 필요하지 않다.

버크먼이 지적한 대로 많은 작품을 남긴 예술가, 작가, 혁신가 중 대다수는 하루 중 몇 시간을 작업하겠다고 규칙적인 일과를 정해놓은 덕분에 성공을 이룰 수 있었다. 이들은 아무리 영감을 얻지 못했더라도 또는 숙취에 시달리는 아침에도 규칙을 지켰다. 버크먼은 저명한 예술가인 척 클로스 Chuck Close의 말을 빌려 이 점을 강조했다. "영감은 아마추어에게 필요한 것이다. 우리는 단지 나와서 일할 뿐이다."

하고 싶은 느낌이 들지 않아 무언가를 미루며 그냥 앉아 있다면, 실제로 그렇게 느껴야 할 필요가 없다는 사실을 기억하라. 누구도 우리를 막아서지 않았다.

힘들거나 지루하거나 기분이 안 좋아 무언가를 미룬다면

'하면-한다 규칙'을 활용하라. 우리는 미루는 버릇을 순전히 의지로 해결하려는 경향이 있다. '다음에는 일을 더 빨리 시작해야겠어'라고 다짐하는 것이다. 하지만 정말로 그 일을 하려는 의지가 있었다면 애초에 그 일을 미루지 않았을 것이다. 당연하다. 연구에 따르면 사람들은 보통 자신의 자제력을 과대평가하며 곤경에서 벗어나려고 너무 자주 자제력에 의존한다고 한다.

자신을 괴롭히지 말고 의지력에 한계가 있다는 사실을 받아들이자. 힘들고 지루하고 끔찍하다고 느끼는 일에 언제나 의지만으로 도전할 수는 없다. 그럴 때는 대신 하면-한다 규칙을 활용해 업무를 완료하자.

하면-한다 규칙을 세울 때는 프로젝트 완료까지의 주요 단계를 설정할 때보다 더 상세하게 계획해야 한다. 그 단계를 실행할 장소와 시간도 구체적으로 설정해야 한다. 다음처럼 말이다.

- 오후 2시가 '되면' 하던 일을 멈추고 밥이 요청한 리포트를 '작성한다.'
- 회의 중에 팀장이 전에 요청한 가격 인상을 언급하지 '않는다면' 회의가 끝나기 전에 '다시 말을 꺼낸다.'

하면-한다 규칙에서는 정확히 무엇을 해야 하는지, 언

제 어디서 할 것인지를 미리 결정하기 때문에 그 시간이 되면 고민할 필요가 없다. '정말 이 일을 지금 해야 할까?'라든지 '더 나중으로 미룰 수 있을까?', '이 일 말고 다른 일을 해야 하나?'라고 망설이지 않는다.

정말 어려운 결정을 내릴 때는 의지력이 필요하다. 하면-한다 규칙을 활용하면 이런 순간이 오기 전에 스스로 올바른 결정을 내렸는지 미리 확인할 수 있어 의지력이 필요한 순간이 발생할 확률을 획기적으로 낮춘다. 실제로 200건이 넘는 연구에서 하면-한다 규칙을 사용하면 목표 달성률과 생산성이 평균 200~300퍼센트 향상한다고 밝혔다.

여기에서 언급한 세 가지 전략인 '실패의 결과 생각하기', '느낌 무시하기', '상세 계획 세우기'는 "당신의 열정을 따르라!" 또는 "긍정적으로 생각하라!" 같은 조언처럼 흥미롭게 들리지 않을 것이다. 하지만 이 전략들은 실제로 효과적이다. 우연히라도 이 전략을 활용한다면 반드시 효과를 경험할 것이다.

아무 일도 하지 않았을 때 생겨날
끔찍한 모든 결과를
진지하게 생각하는 방법보다
망쳐버릴지도 모른다는 걱정을
이겨낼 수 있는 더 좋은 방법은
아마도 없을 것이다.

자기 조절로
에너지의 효율성을 높여라

에너지를 효과적으로
관리하는 네 가지 방법

2016년 3월 8일 hbr.org에 실린 "에너지를 더 현명하게 활용하도록 만드는 5단계5 Steps to Investing Your Energy More Wisely"에서 발췌(product #H02PK1) 및 2021년 5월 14일 hbr.org에 실린 내용을 편집(product #H06CNV)

이 글의 저자

엘리자베스 그레이스 손더스Elizabeth Grace Saunders

시간 관리 코치이자 리얼 라이프 이 타임 코칭 앤 스피킹Real Life E Time Coaching & Speaking의 창업자. 《돈처럼 시간을 투자하는 방법 How to Invest Your Time Like Money》과 《경이로운 시간 관리Divine Time Management》를 썼다.

누구든 단기간에 에너지를 쏟아부을 정도의 추진력은 충분히 발휘할 수 있다. 막 입사한 직장에서 처음 몇 주간 눈에 띄는 인상을 남기기 위해 노력한다든가, 1월 초에 체육관에서 미친 듯이 운동을 한다든가, 주말 동안 오래된 주택을 리모델링하는 텔레비전 프로그램에 참가하는 것처럼 짧은 기간은 그렇게 보낼 수도 있다.

하지만 그렇게 열정을 태우고 나면 결국 어떻게 되는가? 새로운 직장, 목표, 프로젝트를 접하고 몇 달 또는 1년쯤 지난 후에도 여전히 같은 태도를 유지할 수 있는가? 원대한 계획은 포기해버렸는가? 피로를 느끼고 번아웃을 겪으면서도 계속 자신을 몰아붙이고 있는가? 아니면 너무 많은 일을 하거나 아무 일도 하지 못하는 상황 속에서 갈팡질팡하고 있는가?

직장과 삶에서 성공을 이루는 열쇠는 매우 힘차게 시작하는 기세가 아니라 굳세게 버티는 태도다. 이런 지속력의 핵심은 '자기 조절력'이다.

여기서 '자기 조절'이란 하루나 한 주처럼 특정 기간에 정해진 목표를 달성하기 위해 해야 할 작업의 최소량과 최대량을 미리 결정하고 그에 따른 상한선과 하한선을 설정해 업무를 수행하는 방식을 뜻한다. 이렇게 하면 관심이 없어지거나 줄어들어 목표를 잃거나, 지나치게 몰두해 지속할 수 없을 정도로 지치는 상황을 방지할 수 있다.

나는 시간 관리 코치로 활동하면서 지속력을 만드는 네 가지 단계가 있다는 사실을 깨달았다. 이 단계를 따른다면 마지막까지 에너지를 유지하며 더 적은 노력으로 더 많은 목표를 달성할 수 있다.

상한선과 하한선을 정하라

우리는 대부분 무엇을 시작할 때 목표를 설정한다. 특히 한 해를 시작할 때는 더욱 그렇다. 하지만 목표를 이루기 위해 수행해야 하는 단계를 상세히 정리하는 데 시간을 쓰는 사람은 많지 않다. 더욱이 각 목표의 상한선과 하한선을 매일 정리하는 사람은 훨씬 더 적을 것이다.

그렉 맥커운Greg McKeown은 《최소 노력의 법칙Effortless》에서 주요 우선순위에 따라 하루에 '얼마나 적게 일할 것인가'와 '얼마나 많이 일할 것인가'라는 두 가지 경계를 모두 구체적으로 정하라고 이야기했다. 예를 들면 판매 목표를 달성하기 위해 고객에게 하루에 5회 이상 반드시 전화하되 절대 10회는 넘기지 않도록 정해놓을 수 있다.

이 방법은 프로젝트 완수나 목표 달성에도 활용할 수 있다. 일례로 책을 집필하고 싶다면 하루에 30분 이상 글을 쓰되 에너지가 소진되지 않도록 하루에 세 시간은 넘기지 않기로 정하면 어떨까? 또는 일주일에 3회 이상 5회 이하 운동하기로 횟수를 정해보자. 이렇게 목표의 경계를 설정하면 재량껏 자율성을 확보하면서 일정한 속도를 유지할 수 있다.

상한선과 하한선을 설정하려면 추진력을 유지하는 한도에서 할 수 있는 최소한의 활동이 무엇인지 고민해야 한다. 하한선을 설정하는 목적은 목표를 달성하기 위한 행동이 끊겼다는 느낌이 들지 않을 정도로 쉬는 시간을 조절해흐름이 깨지지 않게 복구하고 다시 시작하기 위해 에너지를 추가로 낭비하지 않게 하려는 데 있다. 그리고 상한선을 설정할 때는 그 활동에 너무 많은 시간을 쏟아부어 삶의 다른 영역과 균형이 깨지지 않도록 나의 한계가 어느 정도인지 생각해야 한다. 이를 위해 내가 에너지를 언제 어떻게 소비하는지를 정확하게 알아야 한다.

이와 관련해 브레그먼 파트너스Bregman Partners의 대표이자 베스트셀러《18분18 Minutes》의 저자 피터 브레그먼Peter Bregman의 글 "당신의 에너지를 투자하라Invest Your Energy"를 인용한다.

우리는 모두 잘 자고 잘 먹고 운동하는 습관이 에너지를 만들고 유지하게 한다는 사실을 안다. 그렇다면 그 에너지를 얼마나 전략적으로 사용하는지를 생각해본 적 있는가? 나는 그렇지 않다. 나는 대화를 할 때 대체로 내 의견을 늘 공유한다. 대화하는 사람들 근처에 있기만 해도 내 생각을 이야기한다. 타인이 더 좋아지거나 나아질 수 있게 하는 의사결정에 적극 참여한다. 그러다 나에게 어떤 결정이 필요해지면 정답이 없는 상황일지라도 완벽하게 만들고자 애를 쓰며 결정을 뒤로 미루는 편이다. 이런 일들은 눈에 보이게 에너지를 소모한다.

에너지를 낭비하는 것을 인식하지 못할 때도 있다. 이미 한참 지난 좌절과 상처를 지금까지 되새기거나 내가 어찌할 수 없는 영역에서 벌어지는 일의 결과를 걱정할 때가 그렇다.

한 번은 내가 얼마나 무분별하고 대수롭지 않게 에너지를 낭비하는지 유심히 살펴봤다. 나는 주로 쓰고 듣고 전략을 세우고 강의하고 생각하고 계획을 세우고 결과를 고려해

신속한 의사결정을 내리고자 의견을 선택하고 제시하는 데 에너지를 **투자했다.**

생산적인 일에만 에너지를 투자하지는 않는다. 몇 가지 예를 들면 아이들과 시간을 보내고 책을 읽고 친구들과 흥미로운 대화를 나누고 즐길 수 있는 취미를 배우는 등 즐거운 일에 에너지를 행복하게 사용하기도 한다.

우리는 중요한 일에 에너지를 투자할 수 있도록 평소 어떤 활동에 에너지를 소모하는지를 인지해야 한다. 다음과 같은 방법을 활용해보자.

첫 번째, 에너지에 관심을 가져라. 에너지를 무엇에 소모하는가? 나는 활동할 때든 생각할 때든 그 순간 내가 어떻게 에너지를 사용하는지를 확인하기 위해 낮 동안 핸드폰의 알람이 무작위로 울리도록 설정했다. 에너지를 염두에 두고 삶을 살펴보면 다른 관점이 보인다. 나는 단순히 내 에너지를 확인하는 간단한 행동으로 습관을 바꿨다.

두 번째, 중요한 일이 무엇인지 구분하라. 기쁨과 생산성은 내 삶의 중요한 가치다. 이처럼 삶을 가치 있게 만드는 일이 무엇인지 알고 있다면 에너지를 어떤 일에 써야 할지 현명하게 결정할 수 있다.

세 번째, 에너지를 어떻게 사용할지 계획하라. 무엇이 자신에게 가장 중요한 일인지 깨달았다면 가능한 한 많이 그 일들을 일상에 넣어보자. 달력에도 기록하자. 확연히 에너지를 떨어지게 하는 활동은 배제하고 중요한 일을 계획하자.

이 방법은 생각을 할 때도 적용할 수 있다. 어떤 활동에 정신적 에너지를 활용하고 싶은가? 나는 나를 괴롭히는 일이나 사람을 참아내며 에너지를 소모하는 것이 정말 쓸모없다는 사실을 알았다. 그래서 어떤 일을 경험할 수 있으며 무엇을 배울 수 있는지를 거의 매 순간 생각한다. 배우려는 습관으로 불평하는 습관을 밀어내자.

네 번째, 에너지를 소모하지 말아야 할 활동을 구분하라. 이는 무엇보다 중요한 것이다. 에너지에 관심을 가지면 무의미하게 에너지를 흘려버리는 행동과 생각을 분명하게 알아낼 수 있다.

어떤 일이든 중간에 그만두기는 엄청나게 힘들다. 애초에 그 일을 시작하지 않아야 괴로움을 줄일 수 있다. 텔레비전을 보다가 꺼버리는 것보다 아예 전원을 켜지 않는 편이 얼마나 더 쉬운 일인지 생각해보면 이해할 것이다. 짜증만 날 뿐 어떤 진전도 보지 못할 대화에는 참여하지 말자.

다섯 번째, 에너지 생각에 너무 많은 시간을 소모하지 마라.
에너지 소비를 최적화하려는 생각 자체가 비생산적으로 에너지를 흘려버리는 일이 될 수 있다. 이 모든 과정은 완벽할 필요가 없다. 그저 어제보다 나아지면 된다. 쓸데없는 대화를 한 번 피하고 의미 없는 이메일에 답장을 한 번 보내지 않고 불평을 한 번 흘려보내면 에너지를 더 현명하게 활용할 수 있을 것이다.

가끔은 무언가를 더 많이 하는 게 해결책이 아닐 때도 있다. 더 적게 하는 것이 답일 수 있다.

자신의 성향을 파악하라

목표를 설정하면 강한 추진력으로 하루도 빠짐없이 일에 매진하는 편인가? 아니면 평소에는 천천히 일하다 매번 막바지가 되면 마감일에 쫓겨 허둥지둥 서두르는가? 어느 날은 일을 중단할 수 없어 새벽이 밝을 때까지 하얗게 불태우다가 다음 날은 만신창이가 돼 아무 일도 하지 못하며 양극단에서 갈팡질팡하는 편인가?

다음 세 가지 방법 중 자신의 성향에 맞는 방법을 선택해 따라 해보자.

- **추진력이 강한 사람** 사람답게 살 수 있도록 피로를 풀고 휴식 시간을 일과에 안배하자. 상한선을 넘어 번아웃으로 가고 있는지 세심하게 확인해야 한다.
- **추진력이 약한 사람** 하한선을 넘었는지 못했는지를 확실하게 살펴보자. 달콤한 휴식을 누리기에 앞서 최소량의 일을 처리했는지 반드시 확인해야 한다.

- **극단을 오가는 사람** 두 가지 경계를 모두 확인하자. 상한선을 넘기지 않도록 주의하면 다음 날 하한선 아래로 떨어지지 않을 수 있다. 맥커운이 그의 책에 적었듯이, "내일 완전하게 회복할 수 있을 정도보다 오늘 더 많이 일하지 마라."

휴식과 회복을 계획하라

인간은 누구나 활동과 휴식의 반복이 필요하다. 그래서 밤에는 잠을 자고 일주일에 주말을 꼭 포함한다. 아무리 우수한 운동선수라도 온종일 운동할 수는 없다.

추진력이 강한 사람이라면 특히 휴식과 회복을 고려해 시간을 계획했는지 반드시 확인해야 한다. 나 역시 이런 성향이라 개인 시간을 근무 시간처럼 빠듯하게 계획하지는 않았는지 점검한다. 근무 시간이 아닌 개인 시간은 개인 작업을 완성하는 시간이기도 하지만 휴식 시간이기도 하다. 일례로 평소에는 수영을 하려고 아침 5시 15분에 일어나지만 일주일에 두 번은 그 시간에 일어나지 않는다. 대신 삶을 깊이 되돌아보거나 흥미로운 기사를 읽거나 그냥 잠을 더 자기도 한다. 주말과 저녁에는 상대방만 괜찮다면 시간이 얼마나 걸리든 상관없이 사람들과 소통하는 시간을 계획하기도 한다.

추진력이 약한 사람이라면 휴식을 취하기 전에 최소한 하한선을 넘어섰는지 확인해야 한다. 지금도 충분히 휴식을 누릴 수 있지만 목표를 달성하고 나서 쉬어야 한다고 생각하자.

양극단에서 요동치는 성향의 사람이라면 날아갈 듯이 몸이 가벼워서 온종일 일할 수 있겠다고 느껴지는 날에도 내일 만신창이가 되지 않으려면 휴식과 회복이 필요하다는 사실을 기억해야 한다. 식사하기, 가끔 자리에서 일어나 스트레칭하거나 걷기, 아무리 기운이 넘쳐도 너무 늦은 시간까지 깨어 있지 않기 같은 기본 규칙을 일과에 포함하자. 다음 날 상쾌하게 다시 시작할 수 있도록 잠자리에 들어야 할 적절한 시간이 되면 하던 일을 멈춰야 한다.

몰입할 수 있는 장소를 만들어라

무언가를 지속하려면 양과 속도를 지켜야 한다. 일하다 보면 회의가 끝나자마자 다른 회의를 이어 하거나 한 업무에서 다른 업무, 또 다른 업무로 옮겨 다녀야 하는 날들도 있다. 하지만 대부분 이런 전략을 장기간 유지할 수는 없다.

가능하다면 하루, 일주일에 적어도 몇 시간은 회의에 참석할 필요가 없는 곳에서 지내보자. 큰 프로젝트를 널널하게 계획해서 시간에 개의치 않고 일에 몰두할 수 있다면 더 좋을 것이다.

나는 수요일은 코칭을 신청받지 않는 날로 정해 이 전략을 실행한다. 누구도 회의를 요청할 수 없도록 매주 수요일 하루는 '프로젝트의 날'로 정해 시간을 확보하는 것이다. 이렇게 하면 글쓰기 같은 큰 프로젝트를 마무리할 수 있다. 이런 시도를 반복하며 집이나 사적인 장소에서 더 잘 집중할 수 있다는 사실을 스스로 깨달았다.

인생은 100미터 달리기가 아니다. 오래 이어지는 여행이다. 직장에서나 밖에서나 모두 효율을 높이며 건강하고 행복해지려면 지속력이 필요하다. 일하는 방식을 면밀하게 확인하고 스스로 감당할 수 있는 범위 내에서 효과적이고 생산적으로 일할 수 있도록 이 방법들을 적용해보자.

Harvard
Business
Review

5

의욕이 떨어진다면
결과에 집중하라

동기부여의 환상에서 벗어나는 방법

2018년 12월 21일 hbr.org에 실린 "하기 싫은 일을 할 수 있도록 스스로 동기부여하는 방법How to Motivate Yourself to Do Things You Don't Want to Do"을 편집(product #H04PCV)

이 글의 저자

엘리자베스 그레이스 손더스

시간 관리 코치이자 리얼 라이프 이 타임 코칭 앤 스피킹의 창업자.
《돈처럼 시간을 투자하는 방법》과 《경이로운 시간 관리》를 썼다.

아무리 일반적으로 우리에게 동기를 부여하는 일이라고 해도 하기 싫은 일들이 있다. 지루하고 의미도 없이 진만 빠지고 시간이 오래 걸리는 데다 불안하게 하고 짜증마저 나는 일들을 어떻게 해낼 수 있을까?

해야 할 이유를 찾아라

우선 동기를 부여하는 일이 흥분이나 기대감 같은 특별한 느낌을 경험하는 일만을 뜻하지 않는다는 점을 알아야 한다. 동기는 어떤 일을 해야 하는 이유일 뿐이다. 나에게 의미 있는 동기를 찾는다면 흥미를 느끼지 못해도 그 일을 하겠다고 결심할 수 있다.

일례로 다음과 같은 동기가 있다.

- 불안감을 줄여준다.
- 내가 보살피는 누군가가 혜택을 받는다.
- 재정적 이익으로 이어진다.
- 부정적 결과를 피할 수 있다.
- 자존감을 높일 수 있다.
- 정신을 맑게 한다.
- 나의 가치관과 일치한다.
- 스트레스가 줄어든다.

이런 이유는 일상에서 이렇게 표현되기도 한다.

- 나는 이 일을 하고 싶지 않아. 하지만 이 일을 한다면 현재는 물론 미래에도 상당히 높은 급여를 받을 수

있으며 나중에 돌이켜봤을 때 올바른 선택이었다고 생각할 거야.

- 나는 이 일이 내키지 않아. 하지만 이 일을 완료한다면 팀장과 일대일 미팅을 할 때마다 팀장은 기뻐하고 나는 덜 불안해질 거야.

- 나는 이 일이 하기 싫어. 하지만 이 일을 해두면 다음 주에 받을 스트레스가 엄청나게 줄어들고 변수에 대비할 수 있을 거야.

해야 하는 일에 특별히 동기를 부여받지 못하더라도 이렇게 그 일 이후의 결과를 떠올리며 이유를 찾을 수 있다.

전략을 개발하라

어떤 일이 심적으로 끌리지 않아 추진력이 매우 낮아진 상황에서 작업을 완료해야 할 때는 전략이 필요하다. 그리고 그 일의 성격과 일하는 방식에 따라 효과적인 전략이 몇 가지 있다. 어떤 일을 해야 할 이유는 있지만 여전히 그 일을 완료할 수 있을지 확신이 서지 않을 때 다음 전략들을 추천한다.

우선 다른 사람과 함께하자. 사회적 압박이 실천의 동력이 될 수 있다. 일의 일부를 위임하기, 함께 완료할 수 있도록 다른 사람과 팀을 이루기, 임무를 맡기, 다른 사람과 그냥 같은 공간에 같이 있기 등이 그 방법이다. 나에게 시간 관리 코칭을 받은 몇몇 고객은 도서관에 가거나 일에 집중하는 지인들과 영상을 연결해 가상의 회의 공간을 만드는 식으로 이 방법을 실천했다.

또는 일을 체계화하자. 구체적인 방안은 예를 들어 설명하겠다. 이 전략은 의욕이 낮을 때 추진력을 불어넣는다.

- 빈도가 높은 일을 하기 전에 빈도가 낮은 활동을 먼저 한다. 나는 경비 보고서 작성을 완료하기 전에는 이메일을 확인하지 않는다.

- 기준 시간을 갖는다. 나는 매주 금요일 오후 2시부터 3시까지는 한 주를 계획하기 위한 시간으로 일정표에 계획하고 그 일만 한다.

- 집중 시간을 강제한다. 하루에 10분 동안은 이 작업을 반드시 진행하고 그 뒤로는 원한다면 그만할 수 있다.

- 기준을 낮게 잡아라. 한 주에 한 단계만 실행해야 한다.

- 일을 완료하라. 그 작업을 완료하고 싶다면 하루 전체를 투자한다.

기분 좋아지는 일과 하기 싫은 일을 함께 계획하라

기분이 좋아지는 일과 하기 싫은 일을 함께 계획해 전체적으로 분위기를 환기시키자. 예를 들어 아늑한 카페나 온화한 날씨의 공원처럼 정말 좋아하는 장소에 가면 글쓰기나 발표 자료 만들기 같은 어려운 작업을 진행할 여유가 생길 수 있다. 사무실을 정리하는 동안 음악이나 팟캐스트를 듣는 식으로 여러 작업을 동시에 해보는 것은 어떨까? 일을 하며 몸을 가볍게 움직이는 것도 도움이 될 수 있다. 나는 산책하며 강의를 연습하는 습관이 있다. 좀 우스워 보일 수도 있지만 이렇게 한 번에 두 가지 활동을 할 수 있다.

이 전략들을 따르다 보면 일의 속도를 높이거나 계획에 딱 들어맞게 일을 진행하기가 어려워질 수도 있다. 하지만 느리더라도 분명히 목표를 달성할 수 있다. 처음에는 하기 싫다고 생각했던 그 일을 해낼 것이다.

동기를 부여하는 일이
흥분이나 기대감 같은
특별한 느낌을 경험하는 일만을
뜻하지는 않는다는 점을 알아야 한다.
동기는 어떤 일을 해야 하는
이유일 뿐이다.

6

유대감이 조직에 활력을 불어넣는다

최고의 성과를 만드는 관계 에너지

2016년 9월 15일 hbr.org에 실린 내용을 편집(product #H034TD)

이 글의 저자

웨인 베이커Wayne Baker

미시간대학교 로스경영대학원 경영학 로버트 P. 톰 교수. 긍정 조직 센터 교수진을 겸임하고 있다. 《나는 왜 도와달라는 말을 못할까All You Have to Do Is Ask》를 썼다.

직장에서 에너지를 어느 정도 유지하는가? 활기를 띠며 집중하는가 아니면 맥없이 멍하게 있는가? 어느 쪽이든 아마 직장 동료가 원인일 것이다. 그들의 긍정적이거나 부정적인 에너지가 우리에게 전파되기 때문이다.

우리는 주변인들과 상호 작용하며 '관계 에너지'를 얻는다. 이 에너지는 업무 성과에 영향을 미친다. 연구원 동료인 브래들리 오언스Bradley Owens, 다나 섬터Dana Sumpter, 킴 캐머런Kim Cameron과 함께 발견한 사실이다.[1]

에너지는 개인과 조직의 중요한 자원이기에 우리는 이 연구에 동기를 부여받았다. 하지만 모두가 매일 접하는 에너지원인 주변인들과의 관계를 다루는 데는 소홀했다. 그래서 이어지는 네 가지 실험적 연구에서 관계 에너지를 타당한 과학적 구성으로 체계화하고, 관계 에너지가 몰입도와 업무 성과에 미치는 영향을 평가하고자 노력했다.

관계 에너지의 효과

관계 에너지의 효과를 이해하고 싶다면 직장에서 우리를 기분 좋고 기운차게 만드는 사람을 떠올려보자. 그들은 어떤 행동을 하는가? 어떤 말을 하는가?

긍정의 기운을 내뿜는 사람들은 주변에 에너지를 전달한다. 일례로 대기업에 근무하는 한 직장인은 상사에 관해 내게 이렇게 이야기했다.

"그는 자기 일을 좋아하고 항상 행복해해서 같이 있으면 저까지 덩달아 기운이 나요. 늘 웃는 얼굴이어서 분위기를 좋게 만들거든요."

진실한 관계를 형성해 에너지를 주는 사람도 있다. 이

들은 대화를 나눌 때 상대에게 세심하게 귀 기울인다.

에너지를 주는 상사와 일하면 직장에 집중할 가능성이 높아진다. 건강서비스 분야의 대기업에서 근무하는 리더와 팀원 간 관계 에너지를 집중해서 관찰했더니, 리더와 관계 에너지를 나눈 직원들은 일에 더 집중했고 이는 생산성 향상으로 이어졌다. 리더와 관계 에너지를 형성하면 일에 대한 동기, 작업에 대한 관심도, 업무의 집중도가 높아지고 이는 업무 성과를 높인다.

롭 크로스Rob Cross, 앤드루 파커Andrew Parker와 함께한 조직의 에너지에 관한 연구를 보면 상호 작용은 다양한 방식으로 에너지를 전달한다는 사실을 알 수 있다.[2] 상황을 긍정적으로 바라볼 때, 대화에서 중요한 역할을 했을 때, 사람들의 참여와 관심이 높을 때, 전진과 희망의 분위기를 서로 나누며 교감할 때 등이 상호 작용의 예다.

우리는 다른 사람에게 관계 에너지를 받는 동시에 에너지를 공급하는 원천이기도 하다. 직장에서 관계 에너지를 형성하는 사람은 업무 성과도 높다. 크로스와 나는 직장 내

인간관계를 분석해 조직에서 관계 에너지가 어떻게 연결되는지를 연구하면서 이 점을 확인했다.[3]

에너지를 전달하는 사람이 많을수록 조직의 업무 성과는 높아진다. 사람들이 그 조직에 머물고 싶어 하기 때문이다. 인재들이 몰리고 프로젝트에 자발적으로 시간을 할애해 도움을 줄 가능성이 커진다. 그렇게 모인 사람들은 조직에 먼저 새로운 아이디어, 정보, 기회를 제공한다.

정반대 상황도 가능하다. 다른 사람의 에너지를 소진시키면 그들은 하던 일을 멈추고 당신과 함께 일하지 않거나 당신을 돕기 위해 나서지 않을 것이다. 최악의 경우 당신 일을 방해할 수도 있다.

직장에서 관계 에너지를 높이려면 어떻게 해야 할까? 개인으로서 또는 리더로서 관계 에너지를 높이는 네 가지 방안을 소개한다.

깊은 유대감을 만들어라

깊은 유대감은 당연히 관계 에너지를 형성한다. 제인 더튼Jane Dutton과 에밀리 히피Emily Heaphy는 직장에서 마음 맞는 사람들과 함께 목표를 세우고 도전하는 방식처럼 깊은 유대감을 발전시키고 개선하는 몇 가지 방법을 제안했다.[4]

한 사례로 사무인력 솔루션 회사인 켈리 서비스Kelly Services에서 근무하는 운영 관리자 두 명은 리더십을 개발하고 직원들의 소속감을 향상하고자 경영 자원 그룹을 만들었다. 더튼과 히피가 설명한 대로 깊은 유대감을 만들고 사회적 자산을 강화하는 데 집중해 '리더십 파이프라인'을 구축하고자 한 것이다.

에너지를 전달하는 이벤트를 계획하라

취지, 제품, 서비스만 전달하려 하지 말고 에너지 전달에 집중한 이벤트를 구성하고 실행하라.

미시간주 앤아버에 있는 유명한 식품 기업 징거맨 Zingerman's은 세미나와 이벤트를 활용해 에너지를 불어넣는다. 나는 종종 징거맨의 레스토랑인 로드하우스Roadhouse에 경영진들을 데려간다. 저녁 식사를 마치면 징거맨의 CEO이자 공동 설립자인 아리 바인츠바이크Ari Weinzweig나 다른 경영 파트너가 비전이나 '오픈북 경영(경영자와 근로자가 경영 정보를 공유하는 경영기법)' 또는 경영의 자연법칙 같은 특정 주제를 놓고 발표한다. 발표 내용은 환상적인 데다 그들 자체도 활력이 넘친다.

고객을 직접 상대하는 직원들이 회의실에 들어와 우리 질문에 답할 때가 되면 분위기는 한층 더 무르익는다. 그 직원들은 어떤 질문에도 답할 수 있을 뿐만 아니라 엄청난 에너지를 내뿜는다. 그들은 긍정적이고 열광적이며 의심의 여지없이 자기 일과 조직을 사랑한다. 그 에너지는 정말 쉽게 전파된다. 이 이벤트에 함께한 경영진들은 에너지가 넘치는 상태로 집에 돌아간다.

기버 문화를 확산시켜라

직장에서 누군가를 도우면 '웜 글로우Warm Glow'라는 긍정적인 감정 에너지가 생긴다. 감사의 형태로 따뜻한 에너지가 만들어지는 것이다. 냇 벌클리Nat Bulkley와 함께한 대규모 연구에 따르면 도움을 받아서 생긴 감사함은 대가 없이 먼저 베풀고 도우려는 마음이 들게 한다.[5]

휴맥스Humax의 대표이자 나의 배우자 셰릴 베이커Cheryl Baker는 '호혜의 고리'라는 개념을 만들었다. 이는 도움을 주고받는 단체 행동 양식으로, '기버Giver(자신의 이익보다 다른 사람을 먼저 생각하는 사람)'를 늘리고 에너지를 끌어올린다. 애덤 그랜트Adam Grant와 함께한 시범 연구에서 호혜의 고리에 참여하면 긍정적인 감정은 늘어나고 부정적인 감정은 줄어든다는 사실을 확인했다.

관계 에너지 지도를 만들어라

조직 네트워크 조사는 조직도에서는 보이지 않는, 구성원들의 상호 작용을 알아보는 조사다. 몇 년 전부터 크로스와 나는 조직 연구 및 컨설팅을 진행하면서 관계 질문 항목에 에너지 문항을 추가했다.

이 조사에서는 응답자에게 직원 명단을 제시한다. 그리고 "각 사람과 소통할 때 에너지에 어떤 영향을 받습니까?"를 묻고 "매우 에너지를 받는다"에서 "변화가 없다", "매우 무기력해진다"까지 범위에서 답을 선택하게 한다.

이 조사를 진행하면 조직의 관계 에너지 지도를 그릴 수 있다. 한 석유 화학 대기업을 예로 들면 네트워크 조사에서 조직을 무기력하게 만드는 관계를 매우 많이 발견했는데 대부분은 리더들과의 관계에서 나타났다. 이렇게 만들어진 객관적인 지도를 보면 개선해야 할 영역을 확인할 수 있다. 깊은 유대감을 형성해야 하는 대상, 에너지 전달 이벤트가 필요한 대상, 에너지를 전달하는 기버 문화를 확산시켜야 할 대상을 선별할 수 있다.

　조직의 분위기가 침체됐다면 우리가 일상에서 소통하며 주고받는 에너지인 관계 에너지에 집중함으로써 위기를 극복해보자. 아무리 사소한 것이라도 모든 말과 행동은 생산성과 성과 향상에 큰 영향을 미친다.

Harvard
Business
Review

7

나만의 에너지
충전소를 찾아라

여성 리더를 위한
멘탈 에너지 관리법

2018년 4월 16일 hbr.org에 실린 내용을 편집(product #H04A4R)

이 글의 저자

메레테 웨델-웨델스보그Merete Wedell-Wedellsborg

조직심리학자. 금융, 제약, 국방, 투자자문 분야의 고객을 대상으로 경영심리 기업을 운영하고 있다. 코펜하겐 경영대학원에서 경영경제학 박사학위와 코펜하겐대학교에서 임상심리학 석사학위를 취득했다. 《강인한 마음: 혼란 속에 길을 잃지 않고 압박을 견디며 성과를 내는 방법Battle Mind: How to Navigate in Chaos and Perform Under Pressure》을 썼다.

리더십에 열정적인 여성이 최고위직 리더로 성장하는 데 필요한 팁은 충분히 많다. 적극적인 참여, 의견 제시, 협상, 위임 등을 익힌 여성들이 어느 기업에서나 유리 천장을 뚫고 최고 경영진이나 그에 가까운 위치까지 진출하고 있다.

하지만 승진한 뒤에는 어떻게 될까? 고위직 업무는 누구에게나 힘들기는 하지만 여성에게는 특히 더 큰 어려움이 따른다. 그 이유로는 성별에 따른 위험 수용 성향과 자신감의 차이라는 심리적 요인이 있다.

사회 구조에 따른 요인도 있다. 예를 들면 육아와 가사는 여전히 불균형하게 여성 배우자가 주로 담당하고 있다. 이는 모든 여성에게 영향을 주지만, 특히 스트레스를 많이 받는 최고위직 여성 리더를 불리하게 만든다.

　　나는 이런 어려움에 대처하는 데 매우 익숙하다. 경영 경제학 박사학위와 임상심리학 석사학위를 취득해 자격을 갖춘 조직심리학자이기 때문이다. 20년이 넘도록 수석 코치로서 여성 리더 수백 명을 지도했으며 그들 중 상당수는 금융, 군대, 경찰처럼 남성 수가 우세한 환경에서 근무했다. 코칭 과정에서 최고위직에 오른 여성 리더의 성공 가능성을 높이는 방법에 관한 통찰력을 얻었다.

　　그 핵심은 멘탈 에너지를 관리하는 데 있다. 다시 말해 멘탈 에너지를 얻고 유지하고 잃지 않는 것이다. 강의를 수강한 여성 고객들은 고위직 업무를 담당하는 특수한 상황에서 성공하기 위해 에너지 급속 충전소 찾기, 직장 동료 찾기, 불안 수준 낮추기라는 세 가지 방법을 활용했다.

에너지 급속 충전소를 찾아라

자발적인 것이든 비자발적인 것이든 어느 조직에서나 리더가 일과 삶의 균형을 유지하겠다는 생각은 꿈같은 소리일 뿐이다. U.S. 헤지펀드U.S. Hedge Fund의 파트너로 펀드를 운영하는 알렉산드라는 나에게 "균형을 맞추고 싶다면 이완과 명상을 수련하는 요가 니드라 강사가 돼야죠"라고 말했다. 또 다른 최고 경영팀은 "납기를 맞추느냐 죽느냐"를 표어로 사용했다. 해당 팀의 우선순위 리스트에 '자신만을 위한 시간'이 어디에 있을지는 의심할 여지가 없다. 여기에 가사까지 책임져야 하는 냉혹한 현실에서 여성 리더는 어떻게 에너지를 재충전할까?

바로 '모든 에너지원이 같지 않다'는 사실을 깨닫는 데서 그 답을 찾을 수 있다. 구체적으로 말하면 다른 어떤 활동과 비교할 수 없을 정도로 에너지를 더 크게 만들어내는 활동이 있는데, 나는 그 활동을 '에너지 급속 충전소'라고 부른다. 이는 사람에 따라 다양하지만 내가 함께 일한 성공한 여성들은 자신만의 에너지 급속 충전소가 무엇인지 알고 있었고 그것을 정기적으로 활용했다.

자신만의 에너지 급속 충전소를 찾으려면 다음 두 가지를 기억하자.

첫째, 여성의 에너지 충전소는 '이럴 것이다' 또는 '이렇지 않을 것이다'라는 문화적 기대를 옆으로 밀어두자. 귀띔하자면 아이들과 시간을 보내는 일이 에너지를 비축하는 데 항상 도움이 되는 것은 아니다. 대신 나만의 독특한 방법을 찾아보자. 예전에 만난 한 리더는 번호대로 색칠해서 그림을 완성하는 만다라 드로잉으로 힘을 얻었다. 그에게 만다라 드로잉은 명상과 같았다. 다른 리더는 휴가지를 찾듯이 경영 교육 프로그램을 검색하는 일이 엄청난 에너지를 일으킨다는 사실을 발견했다. 그는 "더 큰 세상을 느끼며 마음을 치유했어요"라고 말했다. 한편 또 다른 리더는 문학이나 자신의 업무와 완전히 다른 분야의 새로운 트렌드를 즐기면서 에너지를 얻었다.

둘째, 내면의 쾌락주의자를 해방시키자. 코칭에서 성격 테스트를 해보면 수강생 대다수의 쾌락 관련 지표가 매우 낮았다. 이들은 고위직 업무를 처리하는 데 도움이 되는 자질인 성실성이 매우 높아서 인생의 재미와 즐거움을 잊은 채 사는 편이었다. 그도 그럴 것이 에너지 충전에는 종종 사치스러운 소비가 포함되기도 한다. 고위직 리더들은 급여를 많이 받는 편이라 본능적으로 돈을 저축하는 습관이 있을 수도 있지만 때로는 자신의 즐거움을 위한 소비도 좋은 투자가 될 수 있다는 사실을 잊지 말아야 한다.

직장 동료를 찾아라

당연히 사생활에서만 에너지를 얻는 것은 아니다. 올바른 상황이라면 직장 생활에서도 정신적 에너지를 비축할 수 있다. 하버드 경영대학원의 에이미 에드먼슨Amy Edmondson 교수가 이야기하는 '심리적 안전감'을 가진 팀에 있다면 특히 그럴 것이다. 이런 조직에서는 팀원들이 내 편이고 그들

과 있을 때 실수하거나 어리석은 말을 해도 괜찮다는 느낌을 받는다.[1]

문제는 리더들은 이런 상황을 보통 경험하기 어렵다는 것이다. 고위 경영 조직은 보통 정치적이고 실수하면 대부분 평범한 팀에서보다 더 큰 결과를 맞닥뜨리게 된다. 그리고 시간과 노력을 들여 진정한 팀워크를 이룬다고 하더라도 새로운 조직원은 자신을 증명해내기 전까지 적응하기 어려워할 수 있다. 그렇다면 에너지 관리에 도움이 되는 환경을 어떻게 만들어야 할까?

내가 찾은 답은 팀 전체를 안전한 장소로 만들겠다는 생각은 포기해야 한다는 것이다. 대신 자유롭게 비밀을 나누고 업무에서 필연적으로 생기는 불만을 풀어버릴 수 있는 유대감 있고 친밀한 동료를 만들어야 한다. 내가 본 성공한 고위직 여성들은 "자유롭게 대화를 나눌 수 있는 사람은 누구입니까?"라는 질문에 즉시 답할 수 있었다. 그리고 에너지 관리에 활용할 수 있도록 신중하게 관계를 만들었다.

다행히 당신에게도 이미 이런 동료가 있을 수도 있다.

만일 그렇지 않다면 그런 관계를 빠르게 만드는 세 가지 팁이 있다.

첫째, 성별을 구분할 필요가 없다. 당신의 팀에 여성 팀원이 있다면 자연스럽게 그와 친해지려 할 것이다. 하지만 마음을 나눌 동료를 찾을 때 성별보다 중요한 점은 더 깊이 연결될 수 있고 편하게 함께 웃을 수 있는 것, 즉 가치관을 공유하는 것이다. 성별에 상관없이 이런 동료와의 교류는 우정이 될 수 있으며 유대감이 단단하다.

둘째, 나의 관심사를 알려야 한다. 알렉산드라의 동료들은 미식축구에 푹 빠져 있지만 알렉산드라는 스포츠 이야기를 절대로 하지 않는다. 흥미가 없기 때문이다. 대신 자신의 관심사를 자주 드러내 거기에 반응하는 사람을 찾아 공통점을 기반으로 관계를 형성했다.

셋째, 평소 근무 환경에서 벗어나 사람들과 개별적으로 대화할 기회를 만들어라. 어떤 사람들은 이를 위해 같이 차를 타고 외근을 가거나 장거리 비행에서 옆에 앉도록 좌석을 조정하기도 한다. 이는 일상에서도 가능하다. 내 고객들은 함께 운동을 하거나 출퇴근할 때 차를 같이 타면서, 새로운 생각에 관해 의견을 나누거나 돌아가는 판세에 어떻게 대처해야 할지 방법을 마련하며 결속을 다진다. 이렇게 직장을 벗어나 함께 시간을 보내면 마음이 쉽게 열리며 유대감이 강해진다.

불안을 넘어서 신념에 집중하라

위험 수용은 직장 생활의 일부다. 남녀를 막론하고 최고 리더가 되는 과정에서 과감한 도박을 한두 번 해보지 않은 사람은 거의 없다. 그런데 높은 자리에서는 위험의 수용도가 크게 변한다. 책임이 크기 때문이다. 높은 불확실성을 감수하거나 노련한 선임들이 합심해 반대하는 탓에 혼자서 책임을 짊어지는 결정을 내려야 할 수도 있다.

여성은 이런 일을 한 번 경험하면 다른 새로운 역할을 맡을 때 불안이 다른 어떤 감정보다 앞설 정도로 남성보다 훨씬 힘들어하는 경향이 있다. 그러면 이중으로 불리해진다. 감정의 밑바닥에 늘 자리 잡은 불안이 에너지 도둑이 돼 정신력을 계속해서 새어나가게 만든다. 불안이 높아지면 다른 시각에서 상황을 바라보며 기회를 찾거나 현실을 명확하게 판단하기가 어려워진다. 그렇다면 여성 리더가 압박감으로 에너지를 소진하지 않으면서 자신의 역할을 감당하기 위해 앞장서고 어려운 결정을 내리고 독립적으로 행동할 수 있도록 어떻게 용기를 채울 수 있을까?

모든 해결책은 더 큰 동기에 뿌리를 두고 있다. 현재 위치나 평판을 유지하려는 목적으로 사회생활에 전념하는가? 혹은 업무에서 과거와 차별점을 만드는 데 집중하는가? 전자를 주된 목표로 생각하는 여성은 의외로 리더로서 진정한 영향력을 발휘하기가 어렵다. 눈에 보이는 실패를 피하는 게 가장 큰 목표가 되면 안일함이라는 유혹에 빠져 계속 불안을 느끼고 어렵지만 중요한 요청을 회피하는 결정적 실수를 하게 된다.

내가 코칭한 성공한 고위직 여성들도 분명 사회생활을

중시했다. 하지만 사회생활이 최종 목표는 아니었다. 오히려 그들이 정말 관심을 가지는 일에서 좋은 결과, 변화, 돌파구를 만드는 도구로 사회생활을 활용했다. 옳은 일에 전념해 극심한 불안을 견디는 정신적 방어벽을 만들고 압박감 속에서도 침착함을 유지하며 가장 필요한 순간에 사용할 수 있도록 자신의 에너지를 아껴뒀다.

스스로 물어보자. 무엇이 옳다고 주장할 수 있는가? 가는 길이 편하고 즐겁기 때문이 아니라 혼란스럽고 어려운 상황에서도 바른 해결책을 제시하는 길이기 때문에 그 길을 걸어야 한다. 두렵지만 용기를 내야만 한다. 소용돌이치는 풍랑을 만나더라도 신념을 지키면 침착할 수 있다.

지금까지 요약한 세 가지 전략을 활용하면 에너지를 관리하고 성공을 이끌 수 있다. 불확실한 상황에는 많은 일이 연관돼 있다. 따라서 균형을 맞추려면 여기서 알려준 방법을 여러 가지 측면으로 적용해야 한다. 불공평하든 아니든 지금 최고위직 리더가 된 여성은 남성 동료들만큼 또는 그보다 더 좋은 성과를 낼 수 있다는 사실을 증명해야 한다는 추가 부담을 가지고 있다. 유리 천장을 깨기만 해서는 충분치 않다. 얼마나 더 많은 여성이 고위직에 오를 수 있는지 그리고 그들이 경영진이 된 뒤 어떻게 성과를 낼 수 있는지에 집중해야 한다.

8

우선
현실을 받아들여라

위기 상황에서 에너지에 집중하는
다섯 가지 방법

2017년 9월 22일 hbr.org에 실린 내용을 편집(product #H03WMD)

이 글의 저자

에이미 젠 수Amy Jen Su

CEO 코칭 및 리더십 개발 기업 파라비스 파트너Paravis Partners 공동 설립자이자 경영 파트너. 《닮고 싶은 리더The Leader You Want to Be》를 썼고 《나만의 리더십Own the Room》을 공동으로 썼다.

일은 진행 속도와 업무량을 잘 통제할 수 있는 안정적인 상태와 위기가 몰아닥쳐 힘든 상태를 오가며 늘 변화한다. 위기는 다양한 방식으로 찾아온다. 예상치 못한 차질, 쉬지 않고 달려야 하는 프로젝트, 심지어 휴가나 휴일 때문에도 혼란이 일어나고 긴장하게 된다.

이미 포화된 업무에 또 다른 일이 더해질수록 집중을 유지하고 에너지를 관리하는 것이 중요하다. 직장에서 위기가 닥쳐오려 한다면 효율적으로 에너지를 관리하는 몇 가지 방법이 있다.

상황을 받아들여라

매우 어려운 상황에 놓이면 그 상황이 벌어졌다는 현실 자체를 부정하기 쉽다. 지난달처럼 지낼 수 있기를 바라거나 휴가에 누린 여유를 꿈꾼다. 지금 당장 벌어지는 상황을 제대로 보지 않고 이리저리 생각하느라 에너지가 소실된다. 물리학은 저항을 '물체나 장치가 전류의 흐름에 저항해 에너지 소실을 일으키는 현상'이라고 설명한다. 물리학에서와 마찬가지로 이미 일어난 위기에 저항할수록 에너지를 잃는다. 받아들이는 것은 더 이상 노력하지 않고 실패를 인정한다는 뜻이 아니다.[1] 명확하게 대처할 수 있도록 현재 상황을 자각한다는 뜻이다.

마음속 감정을 관찰하고 분류하라

극심한 위기로 생겨난 감정은 현재 상황을 받아들이기

더 어렵게 만든다. '일을 잘 해낼 수 없겠지', '그 일을 다 끝낼 수 있을지 모르겠는데', '집에서나 회사에서나 제대로 하는 일이 없는 것 같아' 등 부정적 생각에 사로잡히게 된다. 뉴로 리더십 연구소의 소장인 데이비드 락David Rock은《일하는 뇌Your Brain at Work》에서 감정을 억누르거나 거부하기보다 상황을 받아들이고 감정에 이름을 붙여 분류하는 효과적인 인지 기법을 소개했다. 락은 "큰 성공을 거둔 최고 경영자는 대뇌변연계가 스트레스 등의 상태로 지나치게 활성화된 상태에서도 침착하는 능력이 발달했다"라고 밝혔다. 그에 따르면 이런 사람들에게는 "감정 상태를 분류하는 능력이 일부분 있다고 볼 수 있다."

　락의 조언대로 매우 어려운 업무 위기를 맞거나 일에 차질을 겪으면 한발 뒤로 물러나 자기 생각과 감정 상태를 살펴보고 '압박감', '죄책감', '염려' 같은 이름을 붙여보자. 락이 연구에서 밝혔듯이 한두 단어를 사용해 정의함으로써 대뇌변연계가 만드는 투쟁–도피 반응의 자극을 줄이고 일을 계획·집중·완료하게 하는 실행기능력을 담당하는 전전

두엽을 활성화할 수 있다.

선택하거나 위임하라

　상황을 받아들이고 감정을 분류하면 불안을 줄일 수 있다. 피츠버그대학교에서 진행한 연구에 따르면, 불안은 인지 기능, 특히 올바른 결정을 내리게 하는 영역에 직접 영향을 미친다.[2] 무엇도 선택할 수 없고 아무것도 통제할 수 없다는 생각 때문에 피해 의식에 빠지지 말자. 그 대신 우선순위를 검토하거나 섬세한 절충안을 만들고 자기를 관리하는 데 최대한 집중하자. 다음과 같이 자신에게 물어보자.

- 오늘의 가장 중요한 한 가지 혹은 두 가지 업무는 무엇인가?
- 에너지를 재충전하는 방법은 무엇인가? (예: 이번 주 중 하루는 일찍 잠자리에 들기, 일하면서 좋아하는 음악 듣기, 비행기

로 이동 중 낮잠 자기)

• 이 시간에 거절해야 할 사람이나 일은 무엇인가?

동료 및 사랑하는 사람들과 소통하라

업무에 위기를 겪는 동안 당신이 어떻게 하는지에 따라 그 일과 관련한 다른 사람도 에너지를 잃거나 얻을 수 있다. 어떻게 하면 주변 사람과 함께 위기를 극복할 수 있을지 잠시 멈춰서 생각해보자. 여기 세 가지 방법이 있다.

마감 기한을 다시 협상하라. 업무 관련자가 원하는 실제 결과물이 필요한 시기와 검토 일정을 정확하게 알고 있는지 동료와 함께 재검토한다. 마감 기한을 맞추지 못하겠다고 예상한다면 동료에게 필요한 기간을 정확하게 알려주고 기한을 다시 협상한다. 자신이 하겠다고 한 일은 지키고 일정을 변경해야 할 때는 상황을 솔직하게 공유해 좋은 평판을 유지하자.

범위를 더 세밀하게 설정하라. 업무에 어려움을 겪는 동안은 할 일의 범위와 대비책을 평소와 다르게 설정해야 한다. 주변 사람에게 업무적으로나 개인적으로 여유가 있는지 그렇지 않은지를 이야기해서 당신의 일정이 제한돼 있다는 사실을 알리자.

도움을 요청하라. 대부분은 다른 사람을 귀찮게 하지 않고 독립적으로 행동하는 사실에 자부심을 느낀다. 이는 훌륭한 자질이지만 도움을 요청해야 하는 시기도 있다. 사랑하는 사람에게 도움을 더 많이 요청하자. 프로젝트에 대한 책임의 무게를 온전히 혼자 지려 하지 말고 위임을 하거나 팀을 구성하는 등 동료와 함께 감당하자.

자기 공감을 연습하라

업무에 차질이 생겼을 때 우리를 가장 힘들게 하는 것은 너무 쉽게 자책한다는 점이다. 업무 목표를 높게 설정했는데 달성하지 못했거나 마감 기한을 지키지 못한 경우에 더 그렇다. 《직장에서 행복하게 지내는 법How to Be Happy at Work》을 집필한 애니 맥키Annie McKee는 자기 공감에 대해 이렇게 설명했다. "진심으로 스트레스에 대처하고 싶다면 영웅이 되려 하지 말고 자신에게 관심을 가지고 자신을 돌봐야 한다."

업무 스트레스로 어려움을 겪을 때 자기에게 진심으로 공감하려면 현실을 받아들여야 한다. 자신의 감정을 억누르거나 거부하는 대신 관찰해서 분류하자. 나아가 동료, 사랑하는 사람과 소통하고 필요하다면 그들에게 도움을 요청하고 권한을 위임하자. 이 방법을 이용하면 또 위기를 만나도 평온하게 보낼 수 있을 것이다.

9

회복탄력성은
휴식에서부터 시작된다

버티기보다는 재충전으로 얻는
회복탄력성

2016년 6월 24일 hbr.org에 실린 내용을 편집(product #H02Z3O)

이 글의 저자

숀 아처 Shawn Achor

코칭 및 정신 건강 기업 베터업BetterUp의 최고 경험 이사. 《빅 포텐셜 Big Potential》, 《행복의 특권The Happiness Advantage》, 《행복을 선택한 사람들Before Happiness》을 썼다.

미셸 길란 Michelle Gielan

펜실베이니아대학교 긍정심리학 연구원. 《행복을 방송하다Broadcasting Happiness》를 썼다.

여행자이자 두 살 아이의 부모로서 비행기를 탈 때 가끔 '핸드폰, 친구들, 니모처럼 사라진 무언가를 찾아 헤매는 일에 방해받지 않고 얼마나 많은 일을 할 수 있을까?'라는 환상을 품고는 한다. 바쁘게 비행기 탈 준비를 한다. 짐을 싸고 검색대를 통과하고 마지막 업무 전화를 하고 배우자와 통화를 하고 나서야 비행기에 오른다. 비행 중 업무에 집중하려고 시도하지만 아무것도 끝내지 못한다. 설상가상으로 인터넷 연결이 끊기면서 이메일은 보이지 않는다. 같은 연구 자료만 읽고 또 읽다가 착륙하면 아니나 다를까, 이메일은 가득 쌓였고 이제 와서 처리하기에는 기진맥진한 상태다.

왜 비행기를 타면 기운이 다 빠져버리는 걸까? 우리는

비행기에서 아무 일도 하지 않고 그저 앉아만 있는다. 왜 비행기에서는 스스로 정한 목표들을 모두 달성할 수 있도록 강인해지고 회복탄력성을 배우고 단호해지지 못할까? 관련 연구를 보면 정신없이 바쁜 일정이나 비행기를 타는 상황 자체가 원인이 아니라는 사실을 알 수 있다. 회복탄력성의 의미를 제대로 이해하지 못한 채 무리해서 일하기 때문에 이런 문제가 일어난다.

회복탄력성에 대한 오해

우리는 흔히 회복탄력성을 강인함이라고 생각한다. 진흙탕에서도 내달리는 군인이나 한 라운드를 더 버티는 권투 선수, 흙먼지에서 몸을 일으키는 미식축구 선수의 모습을 떠올린다. 고난을 참고 견디면 강인해지고 결국 성공할 수 있다고 믿는다. 하지만 이 모든 생각은 사실 과학적으로 오류가 있다.

제대로 회복하지 않으면 회복탄력성과 성공적인 결과를 만드는 집단 능력이 눈에 띄게 낮아진다. 연구 결과에 따르면 회복 시간이 부족하면 건강 및 안전 문제가 발생할 확률이 증가한다.[1] 일 걱정으로 잠을 이루지 못했든 핸드폰을 보느라 인지적으로 각성돼 있었든 간에 회복할 시간을 확보하지 못하면 회사에서는 생산성 손실로 1년에 620억 달러(한화 약 79조 7320억 원)에 달하는 막대한 비용이 발생한다.[2]

업무를 그냥 멈춘다고 회복되는 것이 아니다. 우리는 가끔 오후 5시에 퇴근하지만 이후에도 일을 붙들고 씨름하거나 저녁을 먹으며 업무 관련 대화를 나누거나 내일 얼마나 많은 일을 해야 하는지 생각하며 잠든다. 한 연구는 노르웨이인의 7.8퍼센트가 일 중독자가 됐다고 밝혔다.[3] 이 연구는 '일 중독'을 '통제할 수 없는 일 욕구에 시달리고, 일에 지나치게 신경을 쓰고, 일 때문에 삶에서 다른 중요한 영역에 손실이 생길 정도로 많은 시간과 노력을 소모하는 상태'라고 정의했다.[4]

우리는 미국 근로자 대다수가 이 정의에 해당한다는 생

각이 들어 미국의 일 중독을 연구하기 시작했다. 우리 연구는 기술 발달로 근무 시간이 얼마나 늘어났는지 그리고 이에 따라 사람들이 꼭 필요한 인지적 회복을 얼마나 방해받고 있는지 조사하고, 그 결과 발생한 막대한 의료 비용과 이직에 따른 비용을 확인하고자 주요 의료 기업의 고객사 중 대기업의 자료를 살펴봤다.

회복탄력성에 대한 오해는 어린 시절부터 시작된다. 부모는 과학 박람회에 제출할 프로젝트를 마무리하려고 새벽 3시까지 깨어 있는 고등학생 자녀를 칭찬하는 식으로 회복탄력성을 가르친다. 얼마나 잘못된 방식인가! 회복탄력성이 있는 아이는 충분히 휴식을 취하는 아이다. 미국에서는 주마다 다르기는 하지만 보통 만 16세 이상이면 운전할 수 있다. 잠이 부족하면 피곤한 상태로 학교에 가다가 부주의로 도로에서 사람들을 다치게 할 수도 있다. 인지력이 떨어져 영어 시험을 잘 치르지 못할지도 모른다. 자제력이 낮아져 학교에서는 친구들과 잘 지내지 못할 수 있고 집에서는 부모와 관계가 나빠질 수 있다. 과로와 피로는 회복탄력성의 반대말이다.

어려서 배운 나쁜 습관은 직장인이 되면 더 악화된다. 아리아나 허핑턴Arianna Huffington의 저서 《수면 혁명The Sleep Revolution》에 따르면 "우리는 생산성을 늘린다는 명목으로 잠을 줄이지만, 일하는 데 더 많은 시간을 들이고 있음에도 수면 부족으로 근로자 1인당 연간 11일 또는 약 2280달러(한화 약 293만 원) 정도의 생산성 손실이 발생한다"고 한다.[5]

회복탄력성이란 무엇인가

회복탄력성의 핵심은 열심히 노력하고 멈춰서 회복한 뒤 다시 노력하는 것이다. 이는 생물학에 기반을 둔 결론이다. 생물학에서는 항상성을 '끊임없이 건강한 삶을 회복하고 유지하려는 두뇌 기능'으로 설명한다.[6] 텍사스대학교 농업기술대학의 긍정신경과학자 브렌트 펄Brent Furl 교수는 '몸의 균형 상태에 따라 건강한 삶을 이루려는 가치'를 뜻하는

'항상성 가치'라는 용어를 만들었다. 과로로 몸의 균형을 잃으면 일을 계속 진행하기에 앞서 몸을 균형 상태로 되돌리기 위해 정신과 신체는 자원을 엄청나게 소모한다.

짐 로어Jim Loehr와 토니 슈워츠Tony Schwartz에 따르면 '성과 영역'에서 너무 많은 시간을 보내면 '회복 영역'에서 더 많은 시간을 보내야 한다. 그렇게 하지 않으면 번아웃의 위험을 겪을 수 있다.[7] 열심히 노력하기 위한 자원을 끌어모으려면 각성에 필요한 에너지가 소모된다. 이를 '상향 조절'이라고 하는데 이 역시 피로를 심화시킨다. 과로로 불균형이 심해질수록 균형 상태로 되돌아오는 데 대가가 더 많이 필요하다. 우리가 해야 하는 일의 양보다 회복하는 기간이 더 필요해지는 것이다.

그럼 어떻게 회복하고 회복탄력성을 만들 수 있을까? 대부분은 이메일 회신이나 글쓰기를 멈추면 자연스럽게 두뇌가 회복되고 다음 날 아침쯤이면 에너지가 충전돼 있으리라 생각한다. 하지만 누구나 한 번쯤 머릿속에 떠도는 일에 관한 생각으로 잠들지 못한 채 침대에 누워 몇 시간을 보낸 경험이 분명히 있을 것이다. 그렇게 여덟 시간 동안 침대에 누워 휴식을 취했어도 다음 날 아침이면 여전히 피로를 느낄 것이다. 휴식과 회복은 다르다. 멈춘 상태와 회복한 상태 역시 다르다.

회복탄력성을 만들려면 적절한 내적 및 외적 회복 시간이 필요하다. 한 연구에서는 "내적 회복이란 업무를 시작하는 데 필요한 정신적, 신체적 자원이 일시적으로 감소했거나 소진됐을 때 다른 업무로 관심을 돌리거나 전환하는 계획되거나 계획되지 않은 짧은 휴식을 의미한다. 이는 근무일, 업무 환경 내에서 일어나는 휴식 시간과 관련이 있다. 한편 외적 회복은 근무 중의 휴식 시간, 주말, 휴일, 휴가 동안 직장 밖에서 일어나는 행동과 관련이 있다"고 이야기했다.[8] 퇴근 후 침대에 아무렇게나 누워 핸드폰으로 정치 논평을 보며 울화를 터트리거나 집을 어떻게 수리할지 생각하며 스트레스를 받는다면 두뇌는 정신적으로 여전히 각성된 상태이기에 진정한 휴식을 취할 수 없다. 두뇌 역시 몸이 쉬는 만큼의 휴식이 필요하다.

전략적으로 휴식하기

회복탄력성을 만들고 싶다면 먼저 전략적으로 멈출 줄 알아야 한다. 내적 및 외적 회복 기간을 활용해 자신에게 어려움을 버틸 수 있는 자원을 주자. 에이미 블랭크슨Amy Blankson은 예일대학교 경영대학원에서 진행한 연구를 바탕으로 쓴 책《행복의 미래The Future of Happiness》에서 과로를 통제해 하루 중 잠시 멈추는 방법을 제안했다. 블랭크슨은 하루에 핸드폰을 얼마나 많이 확인하는지 알려주는 앱을 사용해보라고 권했다. 사람들은 평균적으로 핸드폰을 하루에 150번 확인한다고 한다. 한 번에 1분만 들여다본다고 해도 집중이 흐트러지는 상태가 두 시간 반이나 되는 셈이다.

미리 설정해둔 시간마다 비행기 모드로 자동 전환되는 식으로 핸드폰 사용을 제한하는 앱을 사용해보는 것은 어떨까? 아니면 90분마다 인지 기능을 쉬게 해 에너지를 재충전할 수도 있다. 책상에서 점심을 먹지 말고, 밖에 나가거나 친구들과 업무와 관련되지 않은 대화를 나누며 시간을 보내보

자. 또한 재충전할 시간을 가질 뿐만 아니라 생산성과 승진 가능성을 높이는 데도 효과적인 유급 휴가를 적극 사용할 것을 권한다.

나는 이 방법을 직접 따라 해봤다. 비행기로 이동하는 시간을 업무 제한 시간으로 설정했다. 결과는 환상적이었다. 충분한 휴식을 취한 것이다. 우리는 비좁고 인터넷을 사용할 수 없다는 점 때문에 비행기에 오를 때부터 이미 지치고는 한다. 물살을 거슬러 오르려 애쓰지 말고, 상황을 받아들이자. 긴장을 풀고 명상에 잠기거나 잠을 자거나 영화나 잡지를 보거나 재미있는 팟캐스트라도 들어보자. 그렇게 비행기에서 내리면 기진맥진하기는커녕 활기차게 성과를 낼 준비가 됐다고 느낄 것이다.

10

더 높은 욕구를
충족시켜라

동기부여에 대한 매슬로의 착각

2014년 11월 26일 hbr.org에 실린 "동기부여에 관해 매슬로 욕구 이론이 알려주지 않는 사실What Maslow's Hierarchy Won't Tell You About Motivation"을 편집(product #H012BN)

이 글의 저자

수전 파울러 Susan Fowler

리더십 트레이닝 기업 모조 모멘트Mojo Moments의 대표. 《최고의 리더
는 사람에 집중한다Why Motivating People Doesn't Work and What Does》
를 썼다.

매슬로의 욕구 이론은 세계적으로 유명한 동기부여 이론으로, 음식, 물, 주거, 안전 같은 하위 단계의 욕구를 충족하려는 동기가 자아실현 같은 상위 단계의 욕구를 충족하려는 동기에 앞선다고 설명한다.[1] 직장에서 리더들은 지나치게 의식적으로 또는 무의식적으로 매슬로의 욕구 이론을 동기부여의 기반으로 삼고는 한다.

매슬로가 하위 단계로 설명한 욕구를 충족하도록 타인을 돕는 일은 좋은 행동이다. 근무 환경과 안전을 개선하는 것은 마땅히 해야 할 일로 박수를 받아야 한다. 생물학적 욕구를 충족하기 위해 사람은 음식과 물을 충분히 먹을 수 있어야 한다는 생각은 합당하다. 노숙자를 깨끗한 환경으로 이주시키는 일은 바람직하다. 하지만 사실 인간은 언제 어디서든 상위 단계를 충족하고 싶다는 욕구를 느낄 수 있다.

매슬로의 욕구 이론은 꾸준히 인기를 끌고 있지만 그 이론을 뒷받침할 수 있는 최근 자료는 그다지 많지 않다. 현대 과학자들, 특히 에드워드 데시Edward Deci를 비롯해 '자기 결정성 이론'을 수천 건 연구한 연구자 수백 명은 욕구 이론 대신 심리학적으로 보편적인 욕구 세 가지가 있다고 이야기했다. 바로 자율성, 관계성, 유능성이다.

자율성, 관계성, 유능성

자율성은 나에게 선택권이 있고 자유의지로 행동하고 있으며 자기 행동의 근원을 자기 자신으로 인지하고자 하는 욕구다. 리더가 정보와 상황의 체계를 구성하는 것은 개인이 자율성을 인식할 가능성뿐만 아니라 침해할 가능성도 커진다. 자율성을 높이는 방법을 시도해보자.

- 부하에게 책임을 묻거나 지시하는 대신 성공의 필수 요소인 목표와 일정표를 만들어라.

- 경쟁과 게임으로 인센티브를 주는 방식에서 벗어나라. 경쟁해야 하는 이유를 포상이나 승진 같은 외부적 요인에서 그보다 질적으로 더 상위 단계인 유의미한 목표를 달성할 기회로 전환하는 방법을 알고 있는 사람은 매우 드물다.

- 실행에 압박을 가하지 마라. '해야 한다'는 생각보다는 스스로 선택해 행동했을 때 최고의 성과를 지속할 수 있다.

관계성은 타인과 관심을 주고받으며 진심으로 다른 사람과 연결되고 자신보다 더 위대한 무언가에 기여하고자 하는 욕구다. 리더는 부하직원이 자기 일에서 의미를 끌어내도록 도울 수 있다. 관계성을 높이는 방법을 시도해보자.

- 부하직원의 감정을 살피고 인정하라. 할당받은 프로젝

트나 목표를 어떻게 생각하는지 솔직하게 물어보고 답변을 경청하라. 모든 행동을 받아들일 수는 없겠지만 모든 생각은 고려해볼 가치가 있다.

- 직장에서 부하직원들이 자신의 가치를 개발하도록 기다리고 그 가치를 그들의 목표에 맞게 조정할 수 있도록 도와라. 스스로의 가치를 모르면 그 가치를 일에 연결할 수 없다.
- 부하직원들의 목표를 숭고한 목적과 연관 지어라.

유능성은 매일 도전과 기회를 만나 효용성을 느끼고 자신의 능력을 증명하며 성장과 번영을 느끼고자 하는 욕구다. 리더는 부하직원에게 성장하고 학습하고 싶어 하는 욕구를 북돋울 수 있다. 유능성을 높이는 방법을 실행해보자.

- 학습할 수 있도록 자원을 제공하라. 비용을 감축해야 할 때 교육 예산을 가장 먼저 삭감하는 조직에서 유능성을 학습하고 능력을 개발하는 활동의 가치를 어떻게 전달

할 수 있겠는가?

- 원래 해오던 것처럼 성과 기반과 목표 달성에만 집중하지 말고 학습 목표를 설정하라.
- 매일 하루를 끝맺을 때 "오늘 무엇을 달성했는가?"를 묻는 대신 "오늘 무엇을 배웠는가? 내일 나와 다른 사람을 도울 수 있는 영역에서 얼마나 성장했는가?"를 묻자.

매슬로의 욕구 이론과 달리, 이 세 가지 기본 욕구는 계층적이거나 순차적이지 않다. 이 욕구들은 모든 인간의 존재와 번영을 위한 능력의 기본이다.[2]

세 가지 욕구를 적용하는 방법

리더라면 직장에서 이 세 가지 욕구가 충족되면 직원들의 동기가 크게 부여되고 이들이 적극적으로 회사 일에 참여함으로써 생기는 혜택을 매일 경험할 수 있다는 점에 주목해야 한다. 이 과학을 활용하려면 '어떻게 해야 사람들에게 동기를 부여할 수 있을까?'에서 '어떻게 하면 사람들의 자율성, 관계성, 유능성을 충족할 수 있을까?'로 리더십의 관점을 전환해야 한다.

이를 적용할 기회는 많다. 일례로 나의 코칭을 받은 한 리더는 친환경 경영 정책에 필요한 교육의 공지사항을 회사 전체에 게시했다. 하지만 그의 지시는 좋은 취지와 달리 직원들의 자율성을 저해하고 거부감을 불러일으켰다. 그가 작성한 공지는 가치를 기반으로 한 근거를 제공하거나 그 계획에 각자의 가치를 어떻게 반영할 수 있을지 생각할 기회를 주지 않았다. 그래서 자율성, 관계성, 유능성을 경험할 수 있는 게시문을 다시 만들어보았다.

우리 기업의 사회적 책임 경영의 필수 항목인 친환경 정책을 구현하는 활동에 참여하는 세 가지 방법을 알려드립니다.

- 11월 15일에 열리는 즐거운 대화형 교육 과정에서 탄소 발자국을 줄이는 데 열정을 가진 사람들과 함께하십시오. (관계성)
- 11월 18일까지 첨부된 정책을 읽고 간단한 퀴즈를 풀어 배운 내용을 확인하십시오. (유능성)
- 11월 14일까지 당신이 회사에서 환경을 지키겠다는 책임감을 가지고 실천하는 행동을 알려주십시오. (자율성, 유능성, 관계성)

세 가지 방법 중 자유롭게 한두 가지 혹은 전부를 선택해도 됩니다(자율성). 10월 31일까지 선택지를 이메일로 송부하거나(자율성) 전사 할로윈 파티일에 사무실에 잠시 방문해 전달해주십시오(관계성).

세 가지 방법을 모두 선택하지 않는다면(자율성) 사회적 책임과 관련해서 귀하의가치에 더 명확하게 부합하는 방법을 알려주시기 바랍니다(관계성).

직원들의 열정을 끌어올리고 싶은가? 그렇다면 언제 어디서나 직장에서 상위 수준의 동기를 부여받기를 원하는 사람들의 역량, 즉 그들의 열정을 낮게 평가하면 안 된다.

매슬로의 욕구 이론과 달리
이 세 가지 욕구는
계층적이거나 순차적이지 않다.
이 욕구들은 모든 인간의 존재와
번영을 위한 능력의 기본이다.

Harvard Business Review

좋은 리더는
탐색 시스템에 집중한다

팀원들에게 동기를 불어넣는 방법

2018년 3월 12일 hbr.org에 실린 내용을 편집(product #H047IC)

이 글의 저자

대니얼 케이블Dan Cable

런던 경영대학원 조직행동학 교수. 《인생 전환 프로젝트Exceptional》,
《그 회사는 직원을 설레게 한다Alive at Work》를 썼다.

언젠가부터 모든 리더는 동기를 잃어버린 개인 혹은 무리와 일해왔다. 현재 의욕이 없는 부하직원 때문에 답답한 심정인가? 리더들은 과거에 그런 상황을 극복해서 그 자리에 올랐기에 일에 집중하지 못해 생산성이 떨어지는 사람들에게 공감하기 어려워한다. 때로는 그들의 불행이 마음가짐에서 생겨난 문제라고 여기고 스스로 감정을 잘 다스리고 받아들여 어려움을 극복해야 한다고 단정한다.

　이런 관점은 아무런 도움도 되지 않는다. 오히려 부하직원들을 일에 열정을 잃게 하거나 처음부터 열정을 갖지 못하게 하는 근본적 원인을 무시하게 만든다.

탐색 시스템을 자극하라

문제의 핵심에 접근하려면 인간은 자신이 하는 일에 동기를 느끼며 의미를 찾고자 한다는 사실을 반드시 이해해야만 한다. 우리는 생물학적으로 그렇게 태어났다. 우리 두뇌에는 새로운 기술을 배우고 싶어 하고 어렵더라도 유의미한 작업을 선택하길 원하는 본능적인 충동을 일으키는 탐색 시스템이 있다.[1] 이런 충동에 따르면 동기와 즐거움에 관여하는 신경 전달 물질인 도파민의 영향을 받아 새롭고 의미 있는 활동에 더더욱 참여하고 싶어진다.[2] 탐색 시스템이 활성화되면 한층 더 동기를 부여받으며 목적의식과 열정을 느끼게 된다.[3] 나아가 활력도 증가한다.

우리는 탐구하고 실험하고 학습하며 살고 일해왔다. 문제는 너무나 많은 근로자가 조직의 운영 방식에 가로막혀 있다는 것이다.

회계법인에서 컨설팅을 진행할 때 만났던 웹사이트 개발자 톰을 예로 들어보자. 대학을 갓 졸업한 톰은 회사에 입사할 때 학습과 성장의 기회가 있다고 듣고 기대감에 들떠 있었다. 하지만 부푼 가슴은 오래가지 못했다. 톰은 내게 이렇게 말했다.

"팀장님에게는 제가 이런저런 시도를 해볼 만큼 기다려줄 시간이나 여유가 없다는 사실을 알았습니다. 팀장님은 자기계발보다 절차에 더 집중했습니다. 제가 새로운 일을 시도하려 하면 계획에 맞춰 정확하게 진행하지 못할까 봐 꺼리는 것 같았어요. 배울 기회가 없었죠."

처음에는 톰도 포기하지 않았다. 프로세스 몇 개를 개선하고 차별화된 방법으로 일하고자 노력했다. 하지만 톰의 상사는 웹사이트의 측정 지표들을 달성하라고 압박했다. 그는 톰의 제안을 받아들이는 유연한 사람이 아니었다. 몇 주가 몇 달이 돼갈 즈음 톰은 일이 지루해졌으며 결국엔 새로운 시도를 그만뒀다.

톰의 대응 방식을 비난할 수는 없다. 우리가 선택의 여지 없이 체계에 맞춰 일해왔듯이 톰도 그렇게 행동한 것일 뿐이다. 더 나은 일을 하려는 생물학적 반응에 따라 발전을 그만뒀다. 두뇌의 직관적으로 결론에 이르는 적응 무의식 영역이 스스로 잠재력이 낭비되고 있다는 사실을 인지하고 더 이상 흥미를 느끼지 못하게 한 것이다.

리더는 직원들의 탐색 시스템을 활성화해야 한다. 그러려면 어떻게 해야 할까? 톰의 팀장과 같은 입장이 되면 우리 역시 조직의 방해를 받아 그와 비슷한 선택을 할 것이다. 조직의 시스템은 대부분 우리의 통제 범위를 벗어나 있다. 성과 지표를 무시하거나 정책과 관료적 형식을 뛰어넘기는 보통 불가능하다.

이렇게 상황이 어렵지만 조직 전체의 정책과 문화를 대규모로 정비하지 않고도 직원들의 탐색 시스템을 활성화할 수 있다. 세계 전역의 리더들과 일한 나의 경험으로 보건대 직원들의 삶을 개선하면서 사업 목적을 달성하는 방법이 있다. 직원들의 탐색 시스템을 기동하는, 작지만 효과적인 세 가지 접근법을 제안한다. 직원들이 강점을 발휘하도록 격려하고, 여러 가지로 실험할 기회를 주고, 일에서 각자의 목적의식을 찾도록 도와주자.

자기 표현

수천 년 동안 철학자들은 사람이 진정한 자신을 다른 사람에게 알리고자 하는 고유한 욕구가 있다고 말해왔다. 하지만 이리저리 고민해봐도 조직 생활은 보통 인간의 자기 표현 욕구를 실현하기에 적합하지 않다. 창의력과 혁신의 가치를 극찬하는 지금 이 순간에도 우리는 여전히 열정과 자기 표현 대신 불안을 부추기는 형식적인 직함, 경직된 역할, 획일화된 평가 체계와 마주하고 있다.

틀에 박힌 행동을 반복하고 싶어 하는 사람은 아무도 없다. 인간에게는 팀이 성공하는 데 도움이 되는 방법을 스스로 선택하려 하고 각자의 고유한 능력과 관점을 활용하고자 하는 깊은 열망이 있다. 직원들에게 그들의 장점을 떠올리도록 자극하면 탐색 시스템이 활성화된다. 연구에 따르면 인간은 자신의 고유 강점을 식별하고 사용할 때 더 활력을 느낀다고 한다.

업무의 틀을 바꾸지 않고서도 직원들이 가장 좋은 모습

을 유지하게 할 수 있다. 예를 들어 한 연구를 살펴보면 신규 입사자에게 최고의 순간을 적어 공유하게 했다. 그러자 동료와 함께 지내는 상황을 편하게 받아들여 회사에 잘 적응하고 자신의 고유한 강점을 가치 있게 여겼다.[4] 이런 방식으로 합류한 신규 입사자는 고객을 더 행복하게 만들며 향후 퇴사할 가능성도 적었다.

직원들은 자신이 제시한 능력과 관점이 존중받기를 원한다. 또 회사에서 역할이 더 강화되고 자주 언급될수록 성과가 더 좋아진다. 이런 변화에 많은 장치가 필요한 것은 아니다. 미국의 비영리 단체로 난치병 아동이 소망을 실현하도록 돕는 메이크어위시 재단Make-A-Wish Foundation과 비영리 의료 시설 및 의사 연합 단체인 노반트 헬스Novant Health라는 두 기관을 예로 들어보면, 리더가 직원들에게 자신의 직무 명칭을 직접 만들도록 했더니 자신의 역할에 더 집중하게 됐다.

실험 정신

직원들의 탐색 시스템을 활성화하는 두 번째 방법은 실험할 수 있는 놀이 활동과 사회적 유대를 아우르는 안전지대를 만드는 것이다. 놀이는 탐색 시스템을 활성화할 뿐만 아니라 불안과 두려움을 떨친다.

물론 긍정적 감정은 그 자체만으로 중요하다. 하지만 놀이 활동의 역할은 감정을 좋게 만드는 것만이 전부는 아니다. 실험을 할 수 있는 안전지대는 내재한 동기를 이끌어내 창의력을 불러일으킨다. 이는 외부에서 주입한 동기보다 훨씬 더 강력한 동기를 부여한다. 직원들이 새로운 접근법을 직접 생각하고 시도하게 한 다음 자신의 제안이 업무에서 어떤 반응을 얻었는지 결과를 알려주면 기업은 더 생동감이 넘치게 된다.

연구에 따르면 불안을 높이고 위험을 회피하게 하고 어려움에 버티는 의지를 부족하게 만드는 성과주의 체제에 직원들을 꿰맞추기보다는 실험하고 학습할 수 있는 체제로 혁신하는 것이 더 효과적으로 성과를 낸다고 한다.[5] 한 사례로 이탈리아의 백색가전 제조공장에서 근무하는 직원들은 쿡탑 대신 레고를 가지고 놀며 효율성을 지향하는 '린 생산방식lean manufacturing'을 배웠다. 그러고 나서 새로 배운 기술을 활용해 생산 라인을 직접 변형해봤다. 그러자 2주 만에 내부 결함을 30퍼센트 줄이고 생산성을 25퍼센트 개선해 자신들에게 적합한 린 생산방식을 만들어냈다.

목적의식

질병을 치료하고 세상을 발전시키는 일에서만 목적의식을 느끼는 것은 아니다. 나의 행동으로 팀이 발전했다는 인과 관계를 확인하는 과정에서도 목적의식은 생길 수 있다. 가령 환경과 업무를 더 개선하고자 팀에 통찰력을 제시하거나 자기 나름의 방법으로 다른 사람을 돕고 팀이 진전하는 데 기여하면 목적의식을 느끼게 된다.

한 리더가 콜센터에 장학생들을 데려와서 장학금 모금 담당자에게 감사 인사를 전하도록 했다. 그러자 담당자들은 더 끈기 있게 모금을 유도했으며 교대 시간까지 다른 사람들보다 훨씬 더 많이 통화를 했다. 일을 하는 이유를 개인적으로 느꼈기 때문에 각각의 통화도 대체로 더 효과적이었다. 장학생과 대화하지 않은 모금 담당자들이 평균 2459.44달러(한화 약 314만 1934원)를 모금한 데 비해 대화한 담당자들은 평균 9704.58달러(한화 약 1239만 7600원)를 모금했다.[6]

목적의식은 한 번에 심어줄 수 없다. 지역 주민과의 만남에서 중역 임원이 나와 자사 제품이 고객에게 도움이 되는 이유를 연설하는 정도로는 목적의식이 만들어지지 않는다. 직원들이 자신의 업무로 영향을 받는 사람들과 직접 소통할 때 목적의식은 가장 높아진다.

예를 들어 마이크로소프트Microsoft는 직원들에게 고객이 겪는 문제와 쟁점을 직접 이해할 수 있도록 고객과 시간을 보내게 한다. 경찰관이 언제 어디에서 원격 정보를 활용하는지 확인하기 위해 회계팀장이 경찰관과 거리에서 일주

일을 함께 보내는 것이다. 또 종이 서류를 데이터가 어떻게 대체하는지 살펴보기 위해 병원에서 이틀을 보내기도 한다.

탐색 시스템을 활성화하는 데는 많은 요소가 필요하지 않다. 핵심은 얕은 곳에 파묻혀 흐르고 있는 잠재력을 끄집어내는 것이다. 거창한 연설이 아닌 우리가 하는 모든 일에 자기 표현, 실험 정신, 목적의식을 불어넣는 노력이 필요할 뿐이다.

미주

Chapter 2

1 Morgan A. Krannitz et al., "Workplace Surface Acting and Marital Partner Discontent: Anxiety and Exhaustion Spillover Mechanisms," Journal of Occupational Health Psychology 20, no. 3, 314-325, 2015.

Chapter 6

1 Bradley P. Owens et al., "Relational Energy at Work: Implications for Job Engagement and Job Performance," Journal of Applied Psychology 101, no. 1, 35-49, 2016.

2 Rob Cross, Wayne Baker, and Andrew Parker, "What Creates Energy in Organizations?" MIT Sloan Management Review, 2003.07.15.

3 "How to Energize Colleagues," Harvard Management Update, 2008.02.28., https://hbr.org/2008/02/how-to-energize-colleagues-1.

4 Jane E. Dutton and Emily D. Heaphy, "We Learn More

When We Learn Together," hbr.org, 2016.01.12., https://hbr.org/2016/01/we-learn-more-when-we-learn-together.

5   Gretchen Gavett, "The Paying-It-Forward Payoff," hbr.org, 2014.06.30., https://hbr.org/2014/06/the-paying-it-forward-payoff.

Chapter 7

1   Amy Edmondson, "Psychological Safety and Learning Behavior in Work Teams," Administrative Science Quarterly 44: 350–383, 1999.

Chapter 8

1   Steve Taylor, "How Acceptance Can Transform Your Life: The Four Stages of Acceptance," Psychology Today, 2015.08.19., https://www.psychologytoday.com/us/blog/out-the-darkness/201508/how-acceptance-can-transform-your-life.

2   Christopher Bergland, "How Does Anxiety Short Circuit the Decision-Making Process?" Psychology Today, 2016.03.17., https://www.psychologytoday.com/us/blog/the-athletes-way/201603/how-does-anxiety-short-circuit-the-decision-making-process.

Chapter 9

1 Judith K. Sluiter, "The Influence of Work Characteristics on the Need for Recovery and Experienced Health: A Study on Coach Drivers," Ergonomics 42, no. 4, 1999., https://doi.org/10.1080/001401399185487.

2 American Academy of Sleep Medicine, "Insomnia Costing US Workforce $63.2 Billion a Year in Lost Productivity, Study Shows," Science Daily, 2011.09.02., https://www.sciencedaily.com/releases/2011/09/110901093653.htm.

3 Cecilie Schou Andreassen et al., "The Relationships Between Workaholism and Symptoms of Psychiatric Disorders: A Large-Scale Cross-Sectional Study," PLOS ONE 11, no. 5, e0152978, 2016., https://doi.org/10.1371/journal.pone.0152978.

4 Cecilie Schou Andreassen, Jørn Hetland, and Ståle Pallesen, "Psychometric Assessment of Workaholism Measures," Journal of Managerial Psychology, 2014.01.01., https://www.emerald.com/insight/content/doi/10.1108/JMP-05-2013-0143/full/html.

5 아리아나 허핑턴Arianna Huffington, 《수면 혁명The Sleep Revolution: Transforming Your Life, One Night at a Time》, 민음사, 2016.

6 "What Is Homeostasis? Emeritus Professor Kelvin Rodolfo of the University of Illinois at Chicago's Department of Earth and Environmental Sciences Provides This Answer," Scientific American, 2000.01.03., https://www.scientificamerican.com/article/what-is-homeostasis/.

7 짐 로어Jim Loehr, 토니 슈워츠Tony Schwartz, 《몸과 영혼의 에너지 발전소The Power of Full Engagement: Managing Energy, Not Time, Is the Key to High Performance and Personal Renewal》, 한언, 2022.

8 Fred R. H. Zijlstra, Mark Cropley, and Leif W. Rydstedt, "From Recovery to Regulation: An Attempt to Reconceptualize 'Recovery from Work,'" Stress Health 30, no. 3, 244-252, 2014.08.

Chapter 10

1 Kendra Cherry, "Maslow's Hierarchy of Needs", <Very Well Mind>, 2022.01.26., https://www.verywellmind.com/what-is-maslows-hierarchy-of-needs-4136760.

2 Edward L. Deci and Richard M. Ryan, "The Importance of Universal Psychological Needs for Understanding Motivation in the Workplace," The Oxford Handbook of Work Engagement, Motivation, and SelfDetermination Theory, ed. Marylène Gagné, DOI:10.1093/oxfordhb/9780199794911.013.003.

Chapter 11

1   Jaak Panksepp, Affective Neuroscience: The Foundations of Human and Animal Emotions, New York: Oxford University Press, 2004.

2   M. Koepp et al., "Evidence for Striatal Dopamine Release During a Video Game," Nature 393, 1998., https://doi.org/10.1038/30498.

3   Carroll E. Izard, "Basic Emotions, Natural Kinds, Emotion Schemas, and a New Paradigm," Perspectives on Psychological Science 2, no. 3 60-280, 2007.09., https://doi.org/10.1111/j.1745-6916.2007.00044.x(September 2007)

4   Dan Cable, Francesca Gino, and Bradley Staats, "The Powerful Way Onboarding Can Encourage Authenticity," hbr .org, 2015.11.26., https://hbr.org/2015/11/the-powerful-way-onboarding-can-encourage-authenticity.

5   Amy C. Edmondson, "Framing for Learning: Lessons in Successful Technology Implementation," in Fundamentals of Organization Development, ed. David Coghlan and Abraham B. Shani, IV121, SAGE Library in Business and Management (London: Sage Publications Ltd., n6, 2010., https://dx.doi.org/10.4135/9781446261774.

6   Adam M. Grant, "The Significance of Task Significance:

Job Performance Effects, Relational Mechanisms, and Boundary Conditions," Journal of Applied Psychology 93, no.1, 108-124, 2008.

옮긴이 박주미

대학에서 전산과학을 공부했다. 국내외 IT 회사에서 20년 가까이 근무하며 고객과 의사소통 방법, 조직 관리 방법, 팀원 구성 및 동기부여 방법 등을 학습하고 경험했다. 옮긴 책으로는《하루 10분 가장 짧은 습관 수업》이 있다.

HBR 자기계발 큐레이션
하루 10분 가장 짧은 동기부여 수업

초판 1쇄 인쇄 2024년 2월 2일
초판 1쇄 발행 2024년 2월 14일

지은이 테레사 에머빌 외
옮긴이 박주미
펴낸이 이승현

출판1 본부장 한수미
와이즈 팀장 장보라
편집 진송이
디자인 윤정아

펴낸곳 ㈜위즈덤하우스 **출판등록** 2000년 5월 23일 제13-1071호
주소 서울특별시 마포구 양화로 19 합정오피스빌딩 17층
전화 02) 2179-5600 **홈페이지** www.wisdomhouse.co.kr

ISBN 979-11-7171-130-7 04190
         979-11-7171-131-4 （세트）